Kurt Reumann

Die Geschichte der deutschen Nationalhymne

Kurt Reumann

Die Geschichte der deutschen Nationalhymne

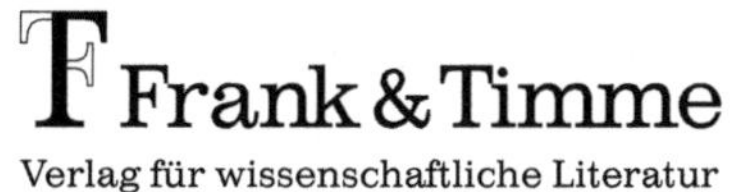

Umschlagabbildung unter Verwendung von firefly.adobe.com

ISBN 978-3-7329-1041-0
ISBN E-Book 978-3-7329-8885-3

Herstellung durch Frank & Timme GmbH,
Wittelsbacherstraße 27a, 10707 Berlin.
Printed in Germany.
Gedruckt auf säurefreiem, alterungsbeständigem Papier.

www.frank-timme.de

Inhaltsverzeichnis

REGIONALE HEIMATLIEDER

Vorwort

Die Geschichte der Nationalhymne von Walther von der Vogelweide bis Heinrich Hoffmann von Fallersleben

Was für ein schönes Buch! Es ist so wohltuend anders als so viele Sachbücher. Durch zu viele muss man sich – meistens beruflich – regelrecht durchrobben. Viele Sachbücher sind eigentlich nur eine Addition persönlicher Erlebnisse und Bewertungen der Autoren, andere strohtrocken und unpersönlich. „Nein, danke", sagt man und legt solche Bücher beiseite. Man bin ich jedenfalls. Den Pflichtbüchern kann man nicht entgehen.

Kurt Reumanns Buch sollte man freiwillig lesen. Man wird es genießen. Man soll es verschenken. Gerade in unserer Zeit, in der zu viele gar nicht mehr wissen, dass es die Kategorie Lieder und Gedichte überhaupt gibt. Und wer kennt oder erkennt gar die Texte?

Kurt Reumanns Geschichte der deutschen Nationalhymne verbindet Pflicht und Kür. Sie ist weit mehr als eine oder die Geschichte der deutschen Nationalhymne(n). Tatsächlich bietet uns Kurt Reumann eine Sammlung von Liedern und Gedichten über Deutschland von Deutschen und nicht nur über diese Deutschen, sondern in gewisser Weise auch über die Deutschen. Zumindest über sehr viele Deutsche. Viele prominent und jedermann bekannt, ebenso viele (mir zumindest) unbekannt.

Es ist eine Sammlung und präzise (!), nicht rokokohaft ausschmückende Kommentierung über die vielen Wege, Seiten- und Irrwege deutschen Geistes oder deutscher (Un-)Geister. Manche unter ihnen waren Denker, andere gefühlsgesteuert, diese erträgliche, andere unerträgliche Ideologen, jene Idealisten. Sie alle in ihren Zeitläuften, an ihrem jeweiligen deutschen Ort. Auf diese Weise entsteht bei der Lektüre allmählich so etwas wie eine deutsche Kultur- und Geistesgeschichte seit dem wunderbaren Walther von der Vogelweide. Dankenswerterweise bietet uns Kurt Reumann dessen Sprache sowohl mittel- als auch neuhochdeutsch.

Diese Sammlung und Kommentierung ist zugleich ein sehr persönliches Buch. Kurt Reumann verbindet seine Kommentare mit Persönlichem, manchmal sehr Persönlichem. Wieder anders als zu viele Andere: Nie überschreitet er die persönliche Sperrzone, nie ist er übergriffig oder aufdringlich; stets diskret, selbst im Persönlichen. Hier schreibt ein Herr, nicht irgendein gebildeter Mann. Ein Hochgebildeter, der nicht abhebt und nicht dünkelhaft doziert.

Kurt Reumanns Buch ist ein Geschenk. Besonders für diejenigen, die Lieder und Gedichte sowie ihre Autoren sowie deren Ort und Zeit kennenlernen möchten. Danke für dieses Geschenk, Kurt Reumann. Ich wünsche diesem Buch viele Leser und all diesen so viel Lesefreude wie mir vergönnt.

Michael Wolffsohn, München im März 2023

DEUTSCHE MÄNNER, DEUTSCHE FRAUEN

Die Geschichte der Nationalhymne von Walther von der Vogelweide bis Heinrich Hoffmann von Fallersleben

„Einigkeit und Recht und Freiheit!" Das Lied kommt uns heute wie selbstverständlich von den Lippen. Aber eine Nationalhymne haben wir erst seit 1922, und sie war keineswegs unumstritten. Nach dem Ersten Weltkrieg erklärte Reichspräsident Friedrich Ebert (SPD) die ersten drei Strophen des *Lieds der Deutschen* von August Heinrich Hoffmann von Fallersleben zur Nationalhymne. 1952 wiederholte sich der Vorgang: Bundeskanzler Konrad Adenauer setzte Hoffmanns Lied als Nationalhymne durch – sehr zum Leidwesen von Bundespräsident Theodor Heuss, der nach dem Zusammenbruch des Hitlerreichs einen Neuanfang vorgezogen hätte, auch symbolisch mit einer neuen Nationalhymne.[1]

1 Enrico Brissa: Flagge zeigen. Warum wir gerade jetzt Schwarz-Rot-Gold brauchen. München: Siedler Verlag, 2021; Thomas Petersen und Tilman Mayer: Ende des Aufruhrs. Wie die Deutschen mit sich selbst Frieden schlossen. Baden-Baden: Tectum-Sachbuch, 2017. Darin hauptsächlich Petersen: Die Deutschen und ihre Nationalsymbole, S. 37–50; Jörg Koch: Einigkeit und Recht und Freiheit. Die Geschichte der deutschen Nationalhymne. Stuttgart: Kohlhammer, 2021; Die Deutschen. Geschichte und Tradition. Köln: Helmut Lingen Verlag, 2009. Ein opulenter, mit Kommentaren versehener Bildband; Heinrich August Winkler: Wie wir wurden, was wir sind. Eine kurze Geschichte der Deutschen. München: C. H. Beck, 3. Aufl. 2021; ders.: Nationalstaat wider Willen. München: C. H. Beck, 2022.

Sport als Jungbrunnen

Schon in der Weimarer Zeit sind dem Fußball Eichenkränze geflochten worden. Ein gewisser K. Thomas aus Dresden reimte emphatisch:

> Heil dir, du Fußballsport in Ehren!
> Dir weih'n wir uns mit Herz und Hand,
> Kein Machtwort deinen Lauf kann wehren
> Durch's große deutsche Vaterland.
> Du stählst die Kraft, die deutsche Treue
> Und deutschen Mut flößt du uns ein.
> Darum geloben wir auf' neue,
> Nur Jünger deines Sports zu sein.

Dir weih'n wir uns mit Herz und *Hand*? Na, auf *Fuß* hätte sich das eben nicht gereimt. Hauptsache, die Fußballhelden wissen, dass Hand ein Foul ist, das der Schiedsrichter streng bestraft: gelbe Karte, rote Karte.

Unsere Nationalhymne und der Fußball: Eine Dauerliebe

Auch nach dem Zweiten Weltkrieg ist es der Fußball gewesen, der die Deutschen wieder stolz auf ihr Land, ihre Fahne und ihre Nationalhymne gemacht hat – nicht sofort nach Gründung der Bundesrepublik Deutschland, aber nach und nach. 1954 gewann Außenseiter Deutschland mit der legendären Herberger-Elf 3:2 gegen die favorisierten Ungarn. Das „Wunder von Bern" wurde als Zeichen des Aufbruchs nach dem verlorenen Zweiten Weltkrieg und der entbehrungsreichen Nachkriegszeit empfunden. Aber das 1952 wieder zur Nationalhymne erhobene *Deutschlandlied* spielte noch keine Rolle. Zu stark war die Erinnerung an die Verbrechen des Hitler-Regimes.

Noch zwanzig Jahre später, als Deutschland 1974 die Weltmeisterschaft ausrichtete und die Beckenbauer-Elf im Finale von München 2:1 über die Niederlande triumphierte, war das Publikum regelmäßig verstummt, wenn die Nationalhymne erklang. Erst 2006, als das Turnier zum zweiten Mal in Deutschland ausgetragen und Frankreich Weltmeister wurde, änderte sich das. Die deutsche Mannschaft hatte mit Torschützenkönig Miroslav Klose den dritten Platz belegt. Aber das Ergebnis gab nicht den Ausschlag für das Hochgefühl beim „deutschen Sommermärchen", sondern die Freude darüber, Gastgeber sein zu dürfen. Das überall zitierte Motto lautete: „Die Welt zu Gast bei Freunden". Die Deutschen waren aus unsicheren Kantonisten *Freunde* geworden.

Schwarz-weiß mit dem Eintracht-Adler und Schwarz-Rot-Gold

Auf die Frage „Wir Deutschen sollten uns aufgrund unserer Vergangenheit im Dritten Reich mit Nationalgefühlen und nationalen Symbolen zurückhalten. Finden Sie das richtig oder nicht?", antworteten dem *Institut für Demoskopie Allensbach* im August 2006 ganze 58 Prozent: „Das finde ich *nicht* richtig." Nur noch 22 Prozent befürworteten die Reserviertheit. Es war vor allem die junge Generation, die sich für ein offenes Bekenntnis aussprach. (Thomas Petersen, a. a. O., S. 40 f.) Ich habe die Begeisterung als Beobachter in Frankfurt am Main zweimal miterlebt: 2006 und 2022, als *Eintracht Frankfurt* das Finale der Euro-League gegen die *Glasgow Rangers* gewonnen hatte und die Fußballhelden tags darauf auf dem Rhein-Main-Flughafen landeten, im Korso zum „Römer" fuhren und auf dem Balkon des Rathauses der begeisterten Menge zuprosteten. Schwarz-Rot-Gold und Schwarz-Weiß mit dem roten Eintracht-Adler in der Mitte beherrschten den Römerplatz. Das war Feiern pur nach einer durch Corona erschwerten Durststrecke.

Inzwischen empfinden wir die dritte Strophe des Deutschlandlieds als unser Bekenntnis zu Einigkeit und Recht und Freiheit. Warum sie auch meine ganz persönliche Liebeserklärung an unsere bunte Demokratie ist, sei hier näher ausgeführt. Allerdings mache ich *eine* Einschränkung: Hat der Text ein republikanisches Defizit? Einigkeit und Recht und Freiheit können auch von oben durchgesetzt werden. Wir aber wünschen uns ein Gemeinwesen, für das die Bürger bürgen.[2]

2 Guido Knopp und Ekkehard Kuhn: Das Lied der Deutschen. Schicksal einer Hymne. Berlin, Frankfurt/Main: Ullstein-Verlag, 1988; Jörg Koch: Einigkeit und Recht und Freiheit. Die Geschichte der deutschen Nationalhymne. Stuttgart: Kohlhammer, 2021; Thomas Jansen: Adenauer setzte sich gegen Heuss durch. Vor 70 Jahren wurde das Deutschlandlied als Nationalhymne festgelegt. In: F. A. Z. vom 6. Mai 2022, S. 8.

Vorgänger und Nebenbuhler

Es ist so gut wie unbekannt, dass es einige (meist inoffizielle) Vorgänger und viele Konkurrenten von Hoffmanns Hymne gibt. Diese Ignoranz ist schade; denn die Loblieder auf die Deutschen haben sich gegenseitig befruchtet. Die wechselvolle Geschichte des Preislieds beginnt bereits im 12. Jahrhundert. Seither tauchen bestimmte inhaltliche und formale Motive immer wieder auf, und die Texte über Wesensart und Wünsche der Deutschen, über ihr Land und dessen Grenzen sowie über die ethischen und politischen Erwartungen an sie werben wider Erwarten für uns und für alle, die freiwillig zu uns gehören wollen. Bei meiner Darstellung beginne ich mit den ältesten Zeugen.

1. Vorschlag: Ihr sult sprechen willekomen

Schon Walther von der Vogelweide (1170 bis um 1230) hat darüber nachgedacht, was typisch sei für die Deutschen und was ihnen fromme. Sein „Ir sult sprechen willekomen" (um 1200) könnte durchaus als Nationalhymne durchgehen, wenn dieses wohlgereimte Loblied auf „deutsche Zucht" (Wesensart und Sitte) eine schmissige Übersetzung ins Hochdeutsche und eine feierliche Melodie fände. Der nach allgemeiner Einschätzung bedeutendste Lyriker des Mittelalters ist von Hof zu Hof durch die deutschen Lande gereist, von der Elbe bis an den Rhein (!) und wieder zurück bis an die ungarische Grenze, und hat dabei erfahren, wie angenehm die Lebensart und wie tugendhaft die Gesinnung der deutschen Stämme sind. In der dritten Strophe zieht der singende Globetrotter die Bilanz:

> Tiusche man sint wol gezogen,
> Rehte als engel sint diu wip getan.
> Swer si schildet, derst betrogen:
> Ich erkan sin anders niht verstan.

Übersetzung ins Hochdeutsche:

Deutsche Männer sind wohlerzogen,
Und die Frauen sind ganz wie die Engel beschaffen.
Wenn jemand sie schilt, betrügt er sich selbst;
Nicht anders kann ich ihn verstehen.
Wenn jemand Tugend und reine Liebe suchen will,
So soll er in unser Land kommen:
Da herrscht große Wonne.
Lange möge ich in ihm leben![3]

Ach, Gott, waren das noch Zeiten, als Frauen Engeln und Männer Tugendbolden glichen! Aber Vorsicht! Walther konnte auch anders.

Ich saz uf eime steine

Glücklich ergänzt wird Walthers Loblied auf die Deutschen durch seine Reichsklage:

Ich saz uf eime steine
Und dachte bein mit beine;
Dar uf satzt ich den ellenbogen;
Ich hete mine hand gesmogen
Daz kinne und ein min wange.
Do dachte ich mir vil ange,
Wie man zer werlte solte leben:
Deheinen rat kond ich gegeben,
Wie man driu dinc erwurbe,

3 Walther von der Vogelweide: Leich, Lieder, Sangsprüche. 15. veränderte Aufl., hrsg. von Thomas Bein, Horst Brunner und Christoph Cormeau, Berlin: Verlag de Gruyter, 2013; Richard Zoozmann: Übertragung der Gedichte von Walther von der Vogelweide. Hamburg: tredition, 2012.

Der deheinez niht verdurbe.
Diu zwei sit ere und varnde guot,
Der jetwederz dem andern schadn tuot,
Daz dritte ist gotes hulde,
Der zweier übergulde.
Die wolte ich gerne in einen schrin.
Ja leider desn mac niht gesin,
Daz guot und wertlich ere
Und gotes hulde mere
Zesamene in ein herze komen.
(Stig unde wege sint in benomen:
Untriuwe ist in der saze,
Gewalt vert uf der straze)

Übersetzung ins Hochdeutsche:

Ich saß auf einem Steine

Ich saß auf einem Steine
Und deckte Bein mit Beine,
Den Ellenbogen stützt ich auf
Und schmiegte in die Hand darauf
Das Kinn und eine Wange.
So grübelte ich lange:
Wozu auf Erden dient dies Leben? …
Und konnte mir nicht Antwort geben,
Wie man drei Dinge erwürbe,
Daß keins davon verdürbe.
Die zwei sind Ehr und irdisch Gut,
Das oft einander Abbruch tut;
Das dritte Gottes Segen,
Der allem überlegen.
Die hätt ich gern in *einem* Schrein;
Doch leider kann dies niemals sein,
Daß weltlich Gut und Ehre

Mit Gottes Gnade kehre
In ganz dasselbe Menschenherz.
Sie finden Hemmnis allerwärts;
Untreu hält Hof und Leute,
Gewalt geht aus auf Beute,
Gerechtigkeit und Fried' ist wund;
Die drei genießen kein Geleit,
Eh diese zwei nicht sind gesund.
– *Richard Zoozmann/Walther von der Vogelweide*

Es wird auch in den folgenden Jahrhunderten immer wieder darum gehen, wie schwer die Freude über „weltlich Gut und Ehr" und Gottes Segen in dasselbe Menschenherz einkehren.

2. Vorschlag: Ein neues christliches Lied

Wach auf, wach auf, du deutsches Land!
Du hast genug geschlafen.
Bedenk, was Gott an dich gewandt,
wozu er dich erschaffen.
Bedenk, was Gott dir hat gesandt
Und dir vertraut sein höchstes Pfand,
Drum magst du wohl aufwachen.

Gott hat dich, Deutschland, hoch geehrt
Mit seinem Wort der Gnaden.
Ein großes Licht dir auch beschert
Und hat dich lassen laden
Zu seinem Reich, welch's ewig ist.
Dazu du dann geladen bist,
Will heilen deinen Schaden.

Text und Melodie aus dem Jahr 1516 stammen von Johann Walter (1496–1570). Der Komponist gilt auch als Urkantor der evangelischen Kirche. Er hat das erste evangelische Chorgesangbuch herausgegeben und zahlreiche Liedtexte Martin Luthers vertont. Sein „neues christliches Lied" soll das im Schlaf der Sünde liegende Deutschland aufrütteln. Das ursprünglich 26-strophige Lied findet sich in einer siebenstrophigen Version im Evangelischen Gesangbuch (Nr. 145).

Deutschland, du hast genug geschlafen! Wer denkt dabei nicht unwillkürlich an den deutschen Michel? Ob sein Name sich vom Erzengel Michael ableitet, ist offen; aber der hat ja nicht geschlafen! In der Renaissance war die Symbolfigur der Deutschen noch ein wachsamer Repräsentant, wenigstens in der Kunst. Aber im 19. Jahrhundert wurde die Schlaf- und Zipfelmütze sein auffallendstes Attribut. Besonders im Winter war es damals kalt, und dann brauchte man eine Schlafmütze. Sie wurde zum Synonym für Verschlafenheit. Wer das Vaterland liebte, versuchte, sie Michel vom Kopf zu reißen. Karikaturisten probieren das bis in unsere Tage.

Vetter Michels Vaterland

Hoffmann von Fallersleben, der Autor unserer Nationalhymne, spottete:

Vetter Michels Vaterland
Sag, wo ist, sag, wo ist Vetter Michels Vaterland?
Sag, wo ist, sag, wo ist Vetter Michels Vaterland?
Wo Belagerungszustand ein Recht ist
Und das Volk ein gehorsamer Knecht ist,
Da ist Vetter Michels Vaterland,
Da ist Vetter Michels Vaterland.

Sag, wo ist …
Wo die Volksvertreter Philister sind
Und die ärgsten Heuler Minister sind …
Da ist …

Wo der Teufel mit Fürsten im Bunde steht
Und Einheit und Freiheit zugrunde geht …
Da ist …

Wo der Allerhöchste nicht Gott ist
Und wo Mut und Gesinnung bankrott ist …
Da ist …

Wo die Wahrheit verfolgt und verpönt ist
Und das Laster bestirnt und gekrönt ist …
Da ist …

Und wo nirgends für Freiheit noch Raum ist
Und die bessere Zukunft ein Traum ist …
Da ist …

Und wo alles am End einerlei ist
Wenn es nur nicht geg'n unsere Polizei ist …
Da ist …

Melodie nach: „Wir drei, wir gehn jetzt auf die Walze,
Gradaus wohl 'n die weite Welt, juchhei!
Die Tippelei, Herrgott, erhalt se,
Weil uns das Tippeln wohl gefällt, juchhei!"[4]

Sichers Teutschland, schläffstu noch?

Auch die Nationalsozialisten versuchten, das „neue christliche Lied" für ihre Propaganda zu profanisieren. Wenigstens uns mutet es wie Profanisierung an; aber den Nationalsozialisten ging es auch immer um höhere Weihen. Die Schreibweise sollte ausweisen, dass sie an eine lange Tradition anknüpften:

Sichers Teutschland, schläffsttu noch?
Ach, wie nah ist dir dein Joch,
Das dich hart wird drücken,
Und dein Antlitz dürr und bleych
jämmerlich ersticken.
Wach auff, du Teutsches Reich![5]

Die Orthografie wirkt albern; aber man täusche sich nicht über die Wirkung. Und natürlich heißt es nicht „deutsches Land", sondern, pathetischer, „Teutsches Reich". Drittes Reich ist eine Bezeichnung für das nationalsozialistische Deutschland. Der Begriff weist auf christliche Traditionen des Abendlands hin. Oft war auch vom „Tausendjährigen Reich" die Rede. Die Herrschaft Jesu

4 Alexander Lipping und Björn Grabendorff: 1848 – Der Deutsche macht in Güte die Revolution. Frankfurt/Main: Fischer TB 980, 1982, S. 56 f.

5 Die weiße Trommel, a. a. O., S. 117 f.

Christi auf Erden sollte 1000 Jahre währen. Immerhin! Das tausendjährige Reich der Nationalsozialisten dauerte, Gott sei Dank, nur knappe zwölf Jahre.

3. *Vorschlag: Ein feste Burg ist unser Gott*

An Johann Walters Neues christliches Lied erinnert Martin Luthers Appell aus seiner Zelle hoch oben auf der Wartburg an die vielen „lieben Deutschen", für die er, wie er am 1. November 1521 schreibt, „geboren" sei. Darin verbindet sich die Sorge um den rechten Glauben mit der Sorge um das Land und seine Menschen: „Die not und beswerung, die alle stend der Christenheit, zuvor deutsche landt, druckt … hat mich auch itzt zwungen zu schreyen und ruffen." (Horst Hermann: Martin Luther, a. a. O., S. 267.)

Das ist derselbe Ton, den Luther bereits 1520 in seiner Schrift „An den christlichen Adel deutscher Nation von des christlichen Standes Besserung angeschlagen hatte: „Hie sollte new deutsche Nation, Bischoff und Fürsten sich auch für Christen leut halten und halten und das volck, das yhn befohlen ist, in leyplichen und geistlichen gutern zu regiren und schutzen, für solchen reyssenden wolffen beschirmen, die sich unter den schaffs kleydern dar geben als hyrtten und regierer." Die Wölfe in Schafskleidern, das sind der Papst und die Papisten, die nach Luthers Meinung vor allem die Deutschen ausbeuten. In der Schrift an den christlichen Adel deutscher Nation bricht Luther endgültig mit der römisch-katholischen Kirche. Papst Leo X. bezeichnet er als Antichrist.

Unsere drei größten Dichter

Luther ist neben Walther von der Vogelweide und Johann Wolfgang von Goethe einer unserer drei größten Dichter. Seine Texte klingen auch ohne Melodie. Unerreicht seine Bibelübersetzung, nicht zuletzt, weil sie so klangschön ist. Außerdem gilt es festzuhalten, dass Luther mit seiner Bibelübersetzung die sprachliche Einheit der Deutschen hergestellt hat. Der Einfluss des Reformators auf die sogenannte Ernste und auf die Volksmusik kann gar nicht hoch genug eingeschätzt werden. Luther selbst hat 36 Lieder getextet, die er oft zu populären weltlichen Melodien verfasste. Sie klingen keineswegs so getragen, wie sie heute gesungen werden. Nach manchen möchte man am liebsten tanzen. Luther war es wichtig, dass das Herz tanzt.

Auf seinen Spuren wandelten nicht nur Heinrich Schütz, Dietrich Buxtehude, Johann Sebastian Bach und Johannes Brahms, sondern auch dem Namen nach kaum noch bekannte Komponisten wie der Grillenvertreiber Melchior Frank (1579–1639) mit seinen Quodlibets und der Benediktiner-Pater Johann Valentin Rathgeber (1682–1750) mit seinem Lied „Alleweil ein wenig lustig, alleweil ein wenig durstig", das unsere Kinder so gern sangen.

Luthers bekanntestes Lied ist zweifellos „Ein feste Burg ist unser Gott", das sich zu einer Art Nationalhymne aufschwang, aber auch als Volkslied gesungen wurde. Den Text hat der Reformator wohl vor 1529 geschrieben; die Melodie entstand unter Mitarbeit von Johann Walter:

Ein feste Burg ist unser Gott,
Ein gute Wehr und Waffen.
Er hilft uns frei aus aller Not,
Die uns jetzt hat betroffen.
Der alt böse Feind
Mit Ernst er's jetzt meint;
Groß Macht und viel List
Sein grausam Rüstung ist,
Auf Erd' ist nicht seinsgleichen.

Mit uns're Macht ist nichts getan,
Wir sind gar bald verloren.
Es streit' für uns der rechte Mann,
Den Gott hat selbst erkoren.
Fragst du, wer er ist?
Er heißt Jesus Christ,
Der Herr Zebaoth,
Und ist kein andrer Gott,
Das Feld muss er behalten.

Und wenn die Welt voll Teufel wär'
Und wollt' uns gar verschlingen,
So fürchten wir uns nicht so sehr,
Es soll uns doch gelingen.
Der Fürst dieser Welt,
Wie sau'r er sich stellt,
Tut er uns doch nicht;
Das macht, er ist gericht':
Ein Wörtlein kann ihn fällen.

Das Wort sie sollen lassen stahn
Und kein' Dank dazu haben.
Er ist bei uns wohl auf dem Plan
Mit seinem Geist und Gaben.
Nehmen sie den Leib,
Gut, Ehr, Kind und Weib:
Lass fahren dahin,
Sie haben's kein' Gewinn:
Das Reich muss uns doch bleiben.[6]

6 Evangelisches Gesangbuch, Ausgabe für die Evangelische Kirche von Kurhessen-Waldeck, Nr. 362.

Wahrlich, ein Schutz- und Trutzlied für Bedrängte! Aber wer ist der alt-böse Feind? Der Gegenspieler Gottes auf Erden, und das konnte aus Luthers Sicht auch der Papst sein. Das haben die meisten nicht bedacht, die seinen Choral hymnisch lobten. Mehr und mehr wurde er als Volkslied verbreitet, so von Friedrich Karl Erlach (1769–1852). Seine Sammlung „Die Volkslieder der Deutschen" ist immer wieder nachgedruckt worden und erfuhr allein zwischen 1834 und 1835 sieben deutsche Ausgaben. (Siehe auch Friedrich Karl Erlach: Alle deutschen Volkslieder vom 15. bis zum 19. Jahrhundert. Bremen: Europäischer Hochschulverlag, 2010.) 1806 nahmen Achim von Arnim und Clemens von Brentano den Choral unter der Überschrift „Kriegslied des Glaubens" in ihre Volksliedersammlung „Des Knaben Wunderhorn" auf. Es ist nicht ganz leicht, das markige Lutherdeutsch auf Hochdeutsch in Reime zu gießen; Arnim und Brentano ist es gelungen. Bemerkenswert die letzte Strophe ihrer Übersetzung:

Lob, Ehr und Preis sei seiner Macht,
Sein ist die ew'ge Feste,
Er wacht und schillert Tag und Nacht,
Dass alles geht aufs beste:
Jesus ist sein Wort,
Ein heimlich offen Wort,
Ihn ruft Wacht zu Wacht
Zum Trost durch die Nacht,
Bis alle Vögel ihm singen.[7]

7 Des Knaben Wunderhorn, a. a. O., S. 84 f. Dort steht Luthers Nationalhymne zwischen einem Liebeslied und einem Tabakslied. Heinz Rölleke hat sie 1933 in sein Sammelwerk „Das große Buch der Volkslieder. Über 300 Lieder, ihre Melodien und Geschichten" aufgenommen. (Nachdruck Gütersloh: Bertelsmann-Club 1993).

Marseillaise der Glaubenskriege

Im 19. Jahrhundert erlebte Luthers Choral eine politische Verherrlichung. Heinrich Heine bezeichnete ihn als „Marseiller Hymne der Reformation“, Friedrich Engels als „Marseillaise der Glaubenskriege“. Auch im 20. und 21. Jahrhundert ging das so weiter. „Der alt böse Feind, mit Ernst er's jetzt meint“ ist als Kopfmelodie zu „Brüder, zur Sonne, zur Freiheit“ verwendet worden. Das ist der Titel zur deutschen Nachdichtung des russischen Arbeiterlieds „Tapfer, Genossen, im Gleichschritt“. Ob Luther diese Verweltlichung seines Glaubenslieds recht gewesen wäre? Sicher nicht! Aber wer denkt noch daran, eine welch radikale Absage an die sündige Welt sein Meisterwerk gewesen ist, wenn er die Zeilen „Nehmen sie den Leib,/ Gut, Ehr, Kind und Weib,/ Lass' fahren dahin,/Sie haben's kein Gewinn:/ Das Reich muss uns doch bleiben!“ aus voller Brust schmettert? Das Reich ist ja nicht von dieser Welt, sondern das Reich Gottes im Jenseits. Mann, o Mann, was singt man doch alles mit, obwohl man damit nicht einverstanden ist! Was für Luther der höchste Ausdruck seiner Hingabe an Gott war, klingt für uns nur noch nach patriarchalischer Anmaßung. Kind und Weib würde ich bis zum letzten Atemzug verteidigen. Vielleicht sollte man die beiden letzten Strophen des Chorals einfach streichen.

Ich habe das Lied zum letzten Mal gesungen, als ich meine todkranke Frau in ihrem Krankenbett auf unsere Gartenterrasse geschoben habe. Unser Haus liegt neben der katholischen Kirche in Niederhöchstadt bei Frankfurt. Der Bläserchor spielte (wegen Corona) auf dem Vorplatz der Kirche und intonierte „Ein feste Burg“. Corona. In Luthers Tagen gehörten Pest und Cholera zu den schärfsten Geißeln Gottes. In unserem Garten hat auch meine Frau das von den Katholiken angestimmte Lutherlied mitgesungen. Das hätte Luther schon gefallen; denn er ist ja ein halber Katholik geblieben. In der evangelischen Kirche wird das Lied höchstens noch am Reformationstag, dem 31. Oktober, gesungen.

Wo man singt, da lass dich ruhig nieder

Zu Luthers schönsten Texten zählt sein Preislied auf Frau Musika. Er hat es in seiner „Vorrede auf alle guten Gesangbücher“ für das Büchlein „Lob und Preis der löblichen Kunst Musica“ seines Freundes Johann Walther geschrieben, 1538 veröffentlicht zu Wittenberg.

Frau Musika
Vor allen Freuden auf Erden
Kann niemand keine feiner werden,
Denn die ich geb mit meinem Singen
Und manchem süßen Klingen.
Hier kann nicht sein ein böser Mut,
Wo da singen Gesellen gut,
Hier bleibt kein Zorn, Zank, Hass noch Neid,
Weichen muss alles Herzeleid.
Geiz, Sorg und was sonst hart an Leid
Fährt hin mit aller Traurigkeit.
Auch ist ein jeder des wohl frei,
Dass solche Freud kein Sünde sei,
Sondern auch Gott viel bass gefällt,
Denn alle Freud der ganzen Welt.

Dem Teufel sie sein Werk zerstört
Und verhindert viel böser Mörd.
Das zeigt Davids, des Königs Tat,
Der dem Saul oft gewehret hat
Mit gutem, süßen Harfenspiel,
Dass er in großen Mord nicht fiel.

Zum göttlichen Wort und Wahrheit
Macht sie das Herz still und bereit.
Solchs hat Elisäus bekannt,
Da er den Geist durchs Harfen fand.

Die beste Zeit im Jahr ist mein,
Da singen alle Vögelein.
Himmel und Erden ist der voll,
Viel gut Gesang da lautet wohl,
Voran die liebe Nachtigall,
Macht alles fröhlich überall
Mit ihrem lieblichen Gesang,
Des muss sie haben immer Dank!
Viel mehr der liebe Herregott,
Der sie also geschaffen hat,
Zu sei die rechte Sängerin,
Der Musik eine Meisterin.
Dem singt und springt sie Tag und Nacht,
Seins Lobes sie nichts müde macht,
Den ehrt und lobt auch mein Gesang
Und sagt ihm einen ewigen Dank.

In Luthers Lobpreis auf Frau Musika findet sich also schon am Anfang der Vers: „Hier kann nicht sein ein böser Mut,/ Wo da singen Gesellen gut“, der später in der Version „Wo man singt, da lass dich ruhig nieder; böse Menschen haben keine Lieder“ zum geflügelten Wort werden sollte. Darin irrte Luther: Auch der Teufel hat seine Lieder. Was noch infamer ist: Er macht sich die Lieder der Engel zu eigen und nutzt sie für seine bösen Zwecke.

Bösewichter haben keine Lieder

Man sollte meinen, das hätte sich in den 266 Jahren, die folgten, bis Johann Gottfried Seume seine „Gesänge" von 1804 schrieb, auch bis zu dem leidgeprüften Soldaten und Schriftsteller herumgesprochen. Aber Seume ließ sich von Luthers Optimismus hinreißen und dichtete:

> Wo man singet, lass dich ruhig nieder,
> Ohne Furcht, was man im Lande glaubt;
> Wo man singet, wird kein Mensch beraubt;
> Bösewichter haben keine Lieder.

Dieser Optimismus macht umso mehr staunen, als Seume, der an der Universität Leipzig Theologie studiert hatte, 1781 auf dem Weg nach Paris von hessischen Soldatenwerbern ergriffen, zum Dienst in der Armee gezwungen und vom Landgrafen von Hessen-Kassel an England für den Kampf im Amerikanischen Unabhängigkeitskrieg vermietet wurde. Aus den Fängen der Häscher konnte er sich jahrzehntelang nicht befreien, auch aus denen Friedrich des Großen nicht. Fluchtversuche misslangen; sein Leben hing oft genug an einem Faden. Trotzdem vertrieb er unverdrossen den Teufel mit Gesang. Es wäre auch jammerschade, wenn er als Vorsänger ausgefallen wäre; denn beim Singen stiftete er Gemeinschaft. So wie Ludwig Uhland es ein Jahrzehnt später forderte: Singe, wem Gesang gegeben! Auch dieser Appell ist zum geflügelten Wort geworden, und meine Frau und ich haben uns nie lange bitten lassen.

4. Vorschlag: Ulrich von Hutten: Frisch drauf!

Ulrich von Hutten (1480–1523) entstammte einem fränkischen Adelsgeschlecht. Wie Luther und Melanchthon versuchte der Publizist, die verweltlichte Kirche zur Raison zu bringen. Allerdings kam er mit Luther auf keinen grünen Zweig; denn in Erfurt schloss er sich einem erlauchten Kreis von Humanisten an, und der Fundamentalist Luther bekämpfte auch die Humanisten. 1514 überreichte Hutten dem von ihm verehrten Philosophen Erasmus von Rotterdam das Manuskript der „Dunkelmännerbriefe" zur kritischen Durchsicht. In den „Epistolae obscurum virorum" verteidigte er mit anderen Humanisten seinen Gesinnungsbruder Johannes Reuchlin, der sich dagegen gewehrt hatte, jüdische Bücher zu verbrennen. Außerdem prangerten die „Dunkelmännerbriefe" die fortschrittsfeindliche Scholastik und das ausschweifende Leben des Klerus an, weshalb Hutten als Pfaffenfeind abgekanzelt wurde. Was ihn nicht entmutigte: Noch einmal ruf ich keiner hier, / Der mir zum Sturme lauf',/ Sei dann ist's recht, dann steht's bei mir: / Frisch drauf!

Ich hab's gewagt mit Sinnen

Allerdings hatte Hutten auch mächtige Freunde. Kaiser Maximilian I. zeichnete ihn 1517 mit der Dichterkrone aus, und der Ritter und Söldnerführer Franz von Sickingen war nicht nur ein Freund Luthers, sondern auch ein Gefährte Huttens.

In seinen Texten feiert der Patriot Deutschland als „frumme Nation", und in seinem Lied „Ich hab's gewagt mit Sinnen", entstanden 1521, heißt es:

Ich hab's gewagt mit Sinnen
Und trag des noch kein Reu'.
Mag ich nit dran gewinnen,
Noch muss man spüren Treu';
Darmit ich mein
Nit ein'm allein,
Wenn man es wollt' erkennen:
Dem Land zu gut,
Wiewohl man tut
Ein'n Pfaffenfeind mich nennen.

Strophe 6:
Will nun ir sels nit raten
Dies frumme Nation,
Ihr's Schaden sich ergatten,
Als ich vermahnet han:
So ist mir leid,
Hiemit ich scheid,
Will mengen bass die Karten;
Bin unverzagt,
Ich hab's gewagt
Und will des Ends erwarten.

Strophe 8:
Ich weiß noch viel,
Woll'n auch ins Spiel,
Und sollten's drüber sterben:
Auf, Landsknecht gut
Und Reuters (Reiters) Mut!
Lasst Hutten nicht verderben![8]

Die nationalsozialistische Propaganda hat auch Hutten für ihre Zwecke eingespannt: „Frisch drauf!" In Wilhelm Cleffs Liedersammlung „Die weiße Trommel. Ein Liederbuch für deutsche Jungmannen und Jungen in Schule und Jugendgruppe" ist der Appell „Noch einmal ruf' ich keiner hier" in der Auflage von 1933 noch nicht zu finden, wohl aber in der 2. erweiterten Auflage von 1935. (Potsdam: Voggenreiter Verlag. Weitere Auflage 1942.)

Der Komponist Gustav Schulten (1897–1944) war für den Voggenreiter Verlag der Herausgeber verschiedener Liedersammlungen, darunter „Der Kilometerstein", 1934, und „Der Leierkasten" (alte Bänkelsängerlieder).

8 Ulrich von Hutten: Deutsche Schriften, herausgegeben von Peter Ukena. München: Verlag Winkler, 1970, 2. Auflage 1978, S. 259–261; siehe auch S. 248. ISBN 3538060509; Deutscher Liederhort II (1893, Nr. 264.

Die stärkste Erschütterung: Der Dreißigjährige Krieg

Der Dreißigjährige Krieg (1618–1648) hat Deutschland grundlegend verändert. Er begann als Religionskrieg zwischen Katholiken und Protestanten und endete als Territorialkrieg. 1618 hatte der Habsburger Kaiser Ferdinand II. möglichst viele nach der Reformation den Protestanten zugefallene Gebiete wieder unter katholische Glaubenshoheit zurückführen wollen. Die protestantischen Fürsten gerieten dadurch in arge Bedrängnis und riefen auch fremde Mächte um Hilfe. Die protestantischen Könige von Dänemark und Schweden fielen in Deutschland ein, um ihren Glaubensbrüdern zu helfen. Aber sie ließen sich auch von machtpolitischen Gründen leiten, wollten sie doch verhindern, dass die katholischen Habsburger in Deutschland allein den Ton angaben. Entsprechend reagierte der König von Frankreich, obwohl er Katholik war. Der Kaiser ließ daher von seinem Wunsch ab, noch mehr Teile von Deutschland wieder katholisch zu machen, und verbündete sich mit protestantischen Fürsten, um im Verein mit ihnen die ausländischen Mächte aus Deutschland zu vertreiben – was nicht überall gelang. Von 1648 bis 1903 gehörten Vorpommern und Teile Mecklenburgs zur schwedischen Krone.

1648 riefen die kriegsmüden Parteien den *Westfälischen Frieden* aus. Kaiser und Reich einigten sich in Münster mit Frankreich und in Osnabrück mit Schweden zum Nachteil der Habsburger und des Kaisertums. Schweden, dessen protestantischer König Gustav Adolf 1632 in der Schlacht bei Lützen gefallen war, wurden Vorpommern mit Stettin und der Odermündung sowie die Herzogtümer Bremen (ohne die Stadt) und Verden (Elbe- und Wesermündung) zugesprochen. Bis 1903 gehörten Vorpommern und Teile Mecklenburgs zur schwedischen Krone. Frankreich, das an der Seite Gustav Adolfs in den Krieg eingegriffen hatte, erwarb die bisher österreichischen Hoheitsrechte im Elsass. Außerdem durfte es die drei ehemaligen Fürstbistümer Metz, Toul und Verdun behalten, die der französische König Heinrich II. 1552 besetzt hatte. Schließlich setzte es die Entmilitarisierung des Oberrheins durch. Damit war

Frankreichs Hunger auf Gebietserweiterungen nach Osten allerdings nicht gestillt.

Perlen, Putten, pralle Brüste: Das Barock

Der Dreißigjährige Krieg überschnitt sich mit der Kunstepoche des Barock (etwa 1590–1720). Beim Wort Barock (portugiesisch *barocco* = unregelmäßige Perle) werden viele zuerst an barocke Formen denken: Barockperlen, pausbäckige Putten, Reifröcke, pralle Brüste, schwellende Säulen und Kuppeln entzückten das Auge. Das Pianoforte (Hammerklavier) ersetzte mit seinen Möglichkeiten, leise zu flüstern und laut aufzutrumpfen, das Cembalo und ergötzte mit Geigen und (Ventil-)Trompeten das Ohr. Im Gegensatz zur Renaissance trumpfte das (oder der) Barock dramatischer auf. Aber es versuchte auch, die Kontraste zu einem Gesamtkunstwerk zu fügen. Alles rund, rund und g'sund. Das war eine Kunst für Fürsten. Der Absolutismus bahnte sich an und vereinnahmte Kunst und Künstler.

Auch das ist barock: eine Orgie des Glaubens

Auch aus der Warte des Glaubens ist das Barock ein Jahrhundert der Gegensätze. Aber wieviel existenzieller hört sich das an: Himmel und Hölle, Ewigkeit und Vergänglichkeit, pralles Leben und elender Tod, bombastischer Prunk und strengste Askese, Wollust und Tugend, Spiel und Ernst, Schein und Sein.

Damals bedeutete „eitel“ noch „nichtig“: „Die Herrlichkeit der Erden/ Mus Rauch und Aschen werden!“, dichtete Andreas Gryphius (1616–1664) in seinem Poem „Vanitas! Vanitatum Vanitas!“ (1643). „Eitler Schein! Nichtigkeit der Nichtigkeiten!“ Quisquilien! Alles auf Erden ist wertlos. Wie hatte schon Luther gesungen? „Mit uns'rer Macht ist nichts getan.“ Und: „Lass fahren dahin,/ Sie haben's kein Gewinn,/ Das Reich muss uns doch bleiben.“ Siehe auch das Alte Testament, Prediger Salomo, 1,2-3: „Es ist alles ganz eitel“, sprach der Prediger, „es ist alles ganz eitel. Was hat der Mensch für Gewinn von seiner Mühe, die er hat unter der Sonne?“

Ach, wie flüchtig, ach, wie nichtig Ist der Menschen Leben

Ach wie flüchtig, ach wie nichtig
Ist der Menschen Leben!
Wie ein Nebel bald entstehet
Und auch wieder bald vergehet
So ist unser Leben sehet!

Ach wie nichtig, ach wie flüchtig
Sind der Menschen Tage!
Wie ein Strom beginnt zu rinnen
Und mit Laufen nicht hält innen,
So fährt unsre Zeit von hinnen.

Ach wie nichtig, ach wie flüchtig
Ist der Menschen Schöne!
Wie ein Blümlein bald vergehet,
Wenn ein rauhes Lüftlein wehet,
So ist unsre Schöne, sehet!

Ach wie nichtig, ach wie flüchtig
Sind der Menschen Schätze!
Es kann Glut und Flut entstehen,
Dadurch, eh wir es versehen,
Alles muss zu Trümmern gehen.

Ach wie nichtig, ach wie flüchtig
Sind der Menschen Sachen!
Alles, alles, was wir sehen,
Das muß fallen und vergehen.
Wer Gott fürcht', wird ewig stehen.[9]

9 Kirchenlied, im Original sind es 13 Strophen. Siehe The Playfords. Luther tanzt. DHM, 2016.

Das Barock war nicht nur eine Zeit der starken Worte, sondern auch der ergreifenden Töne. Das Frühbarock (1590–1620) wurde sogar als „Generalbass-Zeit“ bezeichnet. Die wichtigste Neuerung war, dass der Generalbass die Einzelstimmen in einen musikalischen Zusammenhang fügte. Zu den erstaunlichsten Phänomenen gehörte, dass Poeten die Einordnung des Einzelnen in einen gemeinsamen Kontext auch auf Kriegslieder übertrugen:

5. Vorschlag: Kein schön'rer Tod

Kein schönrer Tod ist in der Welt

Kein schönrer Tod ist in der Welt,
Als vor dem Feind erschlagen
Auf grüner Heid, im breiten Feld
Darf nicht hörn groß Wehklagen.
Im engen Bett nur ein'r allein
Muss an den Todesreihen.
Hier findet er Gesellschaft fein,
Fall'n wie die Kräuter im Maien.

Manch frommer Held mit Freudigkeit
Hat zugesetzt Leib und Blute,
Starb selgen Tod auf grüner Heid
Dem Vaterland zugute.
Kein schönrer Tod ist in der Welt,
Als wer vorm Feind erschlagen
Auf grüner Heid, im freien Feld
Darf nicht hörn groß Wehklagen.

Mit Trommelklang und Pfeifengetön
Manch frommer Held ward begraben,
Auf grüner Heid gefallen schön,
Unsterblichen Ruhm tut er haben.

Kein schön'rer Tod ist in der Welt,
Als wer vorm Feind erschlagen
Auf grüner Heid, im freien Feld
Darf nicht hörn groß Wehklagen.[10]

Entstanden ist der Text um 1620, also zu Beginn des Dreißigjährigen Kriegs; der Verfasser ist unbekannt. Die Niederschrift enthält bereits alle Topoi, die von den Freiheitskriegen gegen Napoleon bis zum Ersten und Zweiten Weltkrieg eine Rolle spielen sollten: das Sterben Seit an Seit auf grüner Heid, die süße Ruh im gemeinsamen Grab, der ewige Ruhm, fürs Vaterland sein Leben gelassen zu haben. Das ist ein Blut-und-Ehre-Programm.

6. *Vorschlag: Wir sind nunmehr verheeret*

Kein Geringerer als Andreas Gryphius zollte dem Vaterland seinen Tribut an Treue und Tränen. Trotz seiner formalen Strenge rüttelt das Sonett, das der geniale Barockdichter 1636, also während des Dreißigjährigen Kriegs, reimte, uns wegen seiner Unmittelbarkeit und Sprachgewalt noch heute auf. Seit dem 17. Jahrhundert hat es in keiner Anthologie, die etwas auf sich hielt, gefehlt.

Wir sind doch nunmehr gantz verheeret

Wir sind doch nunmehr gantz, ja mehr denn gantz verheeret!
Der frechen Völcker Schaar, die rasende Posaun,
Das vom Blutt fette Schwerdt, die donnernde Carthaun
Hat aller Schweiß und Fleiß und Vorrath auffgezehret.
Die Türme stehn in Glutt, die Kirch ist umgekehret.
Das Rathauß ligt im Grauß, die Starcken sind zerhaun,
Die Jungern sind geschänd't, und wo wir hin nur schaun
Ist Feuer, Pest und Tod, der Hertz und Geist durchfähret.
Hir durch die Schantz und Stadt rinnt allzeit frisches Blutt,

10 Zupfgeigenhansl, hrsg. von Franz Breuer, Reprint der Ausgabe Leipzig 1913, Leipzig: VEB Friedrich Hofmeister Musikverlag, 1989, S. 162.

Dreymal sind schon sechs Jahr, als vnser Ströme Flutt,
Von Leichen fast verstopfft, sich langsam fort gedrungen.
Doch schweig ich noch von dem, was ärger ist als der Tod,
Was grimmer denn die Pest und Glutt und Hungersnoth:
Daß auch der Seelen Schatz so vielen abgezwungen.[11]

11 Andreas Gryphius, 1636. Dem besseren Verständnis zuliebe habe ich die Zeichensetzung verändert. Siehe auch Thomas Borgstedt (Hg.): Andreas Gryphius. Gedichte. Reclam, 2012; Horst Bienek: Andreas Gryphius (1616–1664) Tränen des Vaterlands. Anno 1636. In: Rudolf Riedler (Hg.): Wem Zeit ist wie Ewigkeit. München und Zürich: Piper Verlag, 1987, S. 14–17.

Das deutsche Trauma

Der Dreißigjährige Krieg (1618–1648) hat Deutschland und die Deutschen verändert. Kriegshandlungen und die durch sie ausgelösten Hungersnöte und Seuchen verheerten ganze Landstriche; manche haben sich davon nicht erholt. „Die Türme stehn in Glutt … Das Rathauß ligt im Grauß" (Gryphius). Mord und Totschlag machten vor der Zivilbevölkerung nicht Halt. Das Völkerschlachten war der erste große Krieg, in dem auch Schusswaffen (z. B. die donnernde Carthaun, Gryphius, 1636) eingesetzt wurden. Jeder dritte Deutsche verlor sein Leben. Vor Kriegsbeginn haben in deutschen Landen etwa 16 Millionen Menschen gelebt; nach Kriegsende nur noch 10 Millionen. (Gryphius: „Dreymal sind schon sechs Jahr, als vnser Ströme Flutt, / Von Leichen fast verstopfft, sich langsam fortgedrungen." In Teilen Süddeutschlands überlebte nur ein Drittel der Einwohner. Bauernstand und Bürgertum traf es am härtesten.

Die Apokalypse hinterließ in der Mitte Europas einen wirtschaftlichen, kulturellen und moralischen Trümmerhaufen. Wohl den Gebieten, die nur ein Jahrhundert brauchten, um sich von den Folgen des Kriegs zu erholen! Einige regenerierten sich nie. Anlässlich des 350. Jubiläums des Westfälischen Friedens (1998) sagte der damalige Bundespräsident Roman Herzog in Münster, der Dreißigjährige Krieg sei zu einem Trauma geworden, das die Seelenlage der Deutschen für Jahrhunderte geprägt habe.

Roman Herzog: „Das Ende des Kriegs war nicht das Ende des Schreckens." Fürwahr! Das Brandschatzen und Morden, die daraus folgenden Seuchen und der Hunger wollten kein Ende nehmen. Aber das war nichts gegen die Herzensnot und Seelenpein. Man denke nur an den Konfessionsstreit. („Was grimmer denn die Pest und Glutt und Hungersnoth: / Dass auch der Seelen Schatz so vielen abgezwungen", Gryphius).

Es ist ein Schnitter, der heißt Tod

Diese Stimmung fängt ein Volkslied aus dem 17. Jahrhundert ein, das heute noch als „Erntelied" gesungen wird:

> Es ist ein Schnitter, der heißt Tod,
> Hat G'walt vom höchsten Gott.
> Heut wetzt er das Messer,
> Es schneid't schon viel besser,
> Bald wird er drein schneiden,
> Wir müssen's nur leiden.
> Hüt' dich, schön's Blümelein!

Eine Fassung aus dem Jahr 1640 hat 80 Strophen. Achim von Arnim und Clemens Brentano haben das Schnitterlied in „Des Knaben Wunderhorn", einer Sammlung alter deutscher Volkslieder, 1806 auf sechs Strophen verkürzt. Ich zitiere nach der gut gebundenen Ausgabe im Anaconda Verlag zu Köln, veröffentlicht 2015, einer vollständigen Ausgabe nach dem Text der Erstausgabe von 1806/1808. Das Erntelied findet sich auf S. 42.[12]

Während das Volk weinte, ordneten die Profiteure des allgemeinen Leids die Welt neu. Politisch bereitete das 17. Jahrhundert den Absolutismus vor. Prunk und Protz dienten der Zurschaustellung von Rang und Einfluss. Perücken und Schäferidyllen waren Ausdruck und Kehrseite ungenierter Macht- und Prachtentfaltung. Betäubender Duft vertrieb die frische Luft. Das muss man stets im Sinn behalten, wenn man die Freiräume betritt, die die Politik der Kunst ließ.

12 Siehe auch Bernd Tilp: Das Volkslied „Es ist ein Schnitter, der heißt Tod" bei Clemens Brentano, Georg Büchner, Joseph von Eichendorff und Alfred Döblin. In: Literatur in Bayern H 49 (1997), S. 12–29.

Hörnerklang und Schlachtgesang, Sturm und Drang und Überschwang

Das 18. Jahrhundert war eine Zeit voller Hörnerklang und Schlachtgesang. Es gilt als Jahrhundert der Aufklärung von Jean Jacques Rousseau (1712–1778) bis Immanuel Kant (1724–1804), der zur Befreiung der Menschen aus ihrer selbstverschuldeten Unmündigkeit aufrief. Aber es hatte ein Janusgesicht, das nach mehreren Seiten blickte: auf die Empfindsamkeit mit ihrem Gefühlsüberschwang, auf den Sturm und Drang mit seinem Geniekult und zuletzt auf die Anfänge der Romantik.

Den Begriff Empfindsamkeit hat ein Aufklärer geprägt: Gottfried Ephraim Lessing. Ihr wichtigster Vertreter war Friedrich Gottlieb Klopstock (1724–1803). Aber wer glaubt, Sentimentalität und Innenschau hätten die Herolde des Gefühls vom Blick nach außen und von politischem Engagement abgehalten, irrt.

7. Vorschlag: Klopstock: Mein Vaterland

1792 nahm die Französische Nationalversammlung Klopstock wie auch Friedrich Schiller und den Buchhändler Joachim Heinrich Campe, Gründer des Verlags Hoffmann & Campe, als Ehrenbürger auf. Anhänger der Französischen Revolution, war Klopstock jedoch kein Befürworter der Volksherrschaft. Vielmehr setzte er auf das Regiment einer gebildeten Elite (Die deutsche Gelehrtenrepublik, 1774).

Der Einfluss des evangelischen Theologen auf Dichter und Dichtkunst darf nicht unterschätzt werden. Sein berühmtestes Werk, der „Messias“, lehnt sich an die Epen von Homer an und gehorcht zum ersten Mal in der deutschen Literaturgeschichte durchgehend dem klassischen Versmaß Hexameter.

Klopstocks Loblied auf das Vaterland enthält mehrere Topoi, die auch in späteren Vaterlandsliedern wieder auftauchen. Deshalb schlage ich die Strophen 2, 14 und 15 als Vorläufer unserer Nationalhymne vor:

Mein Vaterland

O schone mein! Dir ist dein Haupt umkränzt
Mit tausendjährigem Ruhm! Du hebst den Tritt der Unsterblichen,
Und gehest hoch vor vielen Landen her!
O schone mein! Ich liebe dich, mein Vaterland!

Einfältiger Sitte bist du und weise,
Bist ernstes, tieferes Geistes. Kraft ist dein Wort,
Entscheidung dein Schwert. Doch wandelst du gern es in die Sichel,
und triefst,
Wohl dir! von dem Blute nicht der andern Welten!

Mir winket ihr eiserner Arm! Ich schweige
Bis etwa sie wieder schlummert;
Und sinne dem edlen schreckenden Gedanken nach,
Deiner werth zu seyn, mein Vaterland.

Schon der junge Lessing spottete 1753:

„Wer wird nicht einen Klopstock loben?
Doch wird ihn jeder lesen? Nein!
Wir wollen weniger erhoben
und fleißiger gelesen sein."

So ist es: Eine Nationalhymne muss populär sein!

Matthias Claudius: „'s ist Krieg!"

Welch anderer Ton schlägt uns aus dem Anti-Kriegslied von Matthias Claudius entgegen! Geboren 1740 in Reinfeld, Holstein, gestorben 1815 in Hamburg, war er ein Schüler Klopstocks. Als Sekretär des Grafen Ulrich Adolph von Holstein lernte er Klopstock in Kopenhagen kennen. Der Harfner der Empfindsamkeit sollte Claudius' literarische Karriere prägen. Aber Claudius war anderen Sinnes als Klopstock: Kernfest und auf die Dauer, wie es in seinem Winterlied heißt. Wer kennt nicht sein Abendlied „Der Mond ist aufgegangen"? Meine Frau und ich mussten es unseren Kindern vor dem Einschlafen vorsingen: „Verschon' uns Gott mit Strafen und lass uns ruhig schlafen und unseren kranken Nachbarn auch!" Noch heute summe ich das Lied, bevor mir die Augen zufallen.

Weniger bekannt ist, dass Claudius auch ein Anti-Kriegslied gedichtet hat, das es verdiente, wieder gesungen zu werden; denn es ist hochaktuell. Claudius war Redakteur des *Wandsbeker Boten*, als er dieses hinreißende Lied für die Väter, Mütter und Bräute schrieb, die um ihre Liebsten trauerten:

's ist Krieg, 's ist Krieg!

's ist Krieg, 's ist Krieg! O Gottes Engel wehre,
Und rede Du darein!
's ist leider Krieg – und ich begehre,
Nicht schuld daran zu sein!

Was sollt ich machen, wenn im Schlaf mit Grämen
Und blutig, bleich und blass,
Die Geister der Erschlagnen zu mir kämen,
Und vor mir weinten, was?

Wenn wackre Männer, die sich Ehre suchten,
Verstümmelt und halb tot
Im Staub sich vor mir wälzten und mir fluchten
In ihrer Todesnot?

Wenn tausend Väter, Mütter, Bräute,
So glücklich vor dem Krieg,
Nun alle elend, alle arme Leute,
Wehklagten über mich?

Wenn Hunger, böse Seuch und ihre Nöten,
Freund, Freund und Feind ins Grab
Versammelten und mir zu Ehren krähten
Von einer Leich herab?

Was hülf mir Kron und Land und Gold und Ehre?
Die könnten mich nicht freun!
’s ist leider Krieg – und ich begehre,
Nicht schuld daran zu sein!

Das Lied von Matthias Claudius fiel aus seiner Zeit. Es wurde wieder zu den Waffen geblasen, und alle gingen hin.

8. Vorschlag: Schillers Ode an die Freude

Schillers Ode an die Freude entstand 1785, also in der Zeit des aufgeklärten Absolutismus. Viele Fürsten verstanden sich nicht mehr als von Gott eingesetzte Alleinherrscher (Gottesgnadentum), sondern als oberste Repräsentanten einer auf Vernunft gegründeten Staatsordnung. Sie fühlten sich verpflichtet, dem Allgemeinwohl zu dienen. Friedrich der Große von Preußen (Regierungszeit 1740–1786) bezeichnete sich als „der erste Diener des Staates“. Seine große Gegenspielerin Maria Theresia (1740–1780) und deren Sohn Joseph II. (1765–1790, zuerst Mitregent, dann Kaiser von Österreich) standen dem „alten Fritz“ in diesem Pflichtgefühl nicht nach.

Im Juli 1785 schloss sich Preußen mit Hannover und Sachsen zum Drei-Fürstenbund zusammen. Ihm traten bald 14 weitere Reichsfürsten bei. Friedrich der Große schmiedete aus dem großteils aus protestantischen Reichsfürsten bestehenden Fürstenbund ein Gegengewicht zu Österreichs Expansionsbestrebungen in Süddeutschland.

Es war eine Zeit, auf die Goethes Wort „Himmelhoch jauchzend, zu Tode betrübt“, zutrifft. Auch Goethes junger Freund Schiller sprang einmal an den Himmel und einmal in die Hölle. Seine Ode an die Freude, die im Sommer

1785, also ein Jahr vor dem Tod Friedrichs des Großen, entstanden ist, lässt noch heute alle Herzen höher schlagen.

Europa-Hymne

Schiller hatte das mehrmals umgeschriebene Gedicht eigentlich nur für seinen Freund Christian Gottfried Körner geschrieben und nicht für die Welt. Er hielt es beileibe nicht für ein Kunstwerk. Aber Ludwig van Beethoven kam Schillers Pathos gerade recht, um nach den Schrecknissen seiner Zeit die Sehnsucht nach Frieden, Verbrüderung und eine Welt ohne Kriege auszudrücken. Daran denken wir, wenn wir die Ode singen. In der Vertonung von Beethoven ist sie zur Europahymne geworden.

Freude, schöner Götterfunken

Freude, schöner Götterfunken,
Tochter aus Elysium,
Wir betreten feuertrunken,
Himmlische, dein Heiligtum.
Deine Zauber binden wieder,
Was die Mode streng geteilt.
Alle Menschen werden Brüder,
Wo dein sanfter Flügel weilt.

Wem der große Wurf gelungen,
Eines Freundes Freund zu sein,
Wer ein holdes Weib errungen,
Mische seinen Jubel ein!
Ja, wer auch nur eine Seele
Sein nennt auf dem Erdenrund!
Und wer's nie gekonnt, der stehle
Weinend sich aus diesem Bund!

Freude heißt die starke Feder
In der ewigen Natur.
Freude, Freude treibt die Räder
In der großen Weltenuhr.
Blumen lockt sie aus den Keimen,
Sonnen aus dem Firmament.
Sphären rollt sie in den Räumen,
Die des Sehers Rohr nicht kennt.

Freude, schöner Götterfunken …

Als ich noch zur Schule ging, habe ich einen Holzteller mit Weintrauben und Äpfeln bemalt. In den Umlauf des Tellers schrieb ich mit meiner schönsten Schönschrift: „Freude heißt die starke Feder in der ewigen Natur!" Wer sich freuen kann, hat das Leben gewonnen.

9. Vorschlag: Brüder, reicht die Hand zum Bunde!

Wie Schiller hat Wolfgang Amadeus Mozart (1756–1791) empfunden. Der Sohn des Augsburger Geigers und späteren Salzburger Vizekapellmeisters Leopold Geiger (1719–1787) komponierte 1792, 19 Tage vor seinem Tod, das Kettenlied „Lasst uns mit geschlungnen Händen". Wolfgang Amadé war wie sein Vater Leopold Freimaurer. Die Logenbrüder pflegten einander beim Abschluss ihrer Versammlungen zum Zeichen ihrer Freundschaft die Hände zu reichen und zu singen. Zu Mozarts Melodie schrieb Johann Gottfried Hientzsch 1824 den Text „Brüder, reicht die Hand zum Bunde", der seit 1946 als österreichische Nationalhymne dient:

Brüder, reicht die Hand zum Bunde,
Diese schöne Feierstunde
Führ' uns hin zu lichten Höh'n!
Lasst, was irdisch ist, entfliehen;

Unsrer Freundschaft Harmonien
Dauern ewig fest und schön,
Dauern ewig fest und schön.

Preis und Dank dem Weltenmeister,
Der die Herzen, der die Geister
Für ein ewig Wirken schuf.
Licht und Recht und Tugend schaffen
Durch der Wahrheit heil'ge Waffen
Sei uns heiliger Beruf!

Ihr, auf diesem Stern die besten
Menschen all im Ost und Westen,
Wie im Süden und im Nord:
Wahrheit suchen, Tugend üben,
Gott und Menschen herzlich lieben:
Das sei unser Losungswort,
Das sei unser Losungswort.

Salzburg war, als das Wolferl dort geboren wurde, ein unabhängiger Kirchenstaat. Vater Leopold, ein begnadeter Geiger, ist 1755 dorthin gezogen, weil er sein Augsburger Bürgerrecht verloren hatte. Das enge Verhältnis zwischen Vater und Sohn kühlte sich ab, als Wolfgang Amadeus sich in Wien niederließ und die Sopranistin Constanze Weber heiratete. Es gibt viele Gerüchte, warum Leopold mit seiner Schwiegertochter nicht einverstanden war. So soll der besorgte Vater ihr vorgeworfen haben, dass Wolferl so dünn geworden sei. Hätte es damals doch schon die Mozartkugeln gegeben; Wolfgang Amadé hätte davon womöglich genug genascht.

Wie auch immer, die Hymne „Brüder, reicht die Hand zum Bunde!" ist nicht die schlechteste Beute, die die Österreicher eingestrichen haben. Das Lied hätte auch uns gut angestanden.

Nationalhymne für Arschlecker

Mein kleiner Enkelsohn hat mich gefragt, warum Erwachsene immer nur die feierlichen Lieder von Mozart sängen; es gebe doch auch schöne. Überrascht wollte ich wissen: welche denn? Und da sang er mir Mozarts Gute-Nacht-Lied „Bona nox!“ aus dem Jahr 1804 vor – und zwar in der Originalfassung:

> Bona nox!
> Bist a rechta Ochs;
> bona notte,
> liebe Lotte,
> bonne nuit,
> pfui, pfui;
> good night, good night,
> heut muss' ma noch weit;
> gute Nacht, gute Nacht,
> scheiß ins Bett, dass's kracht!
> Gute Nacht, schlaf g'sund
> und reck den Arsch zum Mund!

Ich musste lachen. In den meisten Liederbüchern steht der stubenreine Text, der mit den Zeilen endet: „Gute Nacht!, schlaf fei' g'sund / Und bleib recht kugelrund.“[13]

„Aber das Original ist ja viel schöner!“ behaupte ich antipädagogischer Opa.[14]

---

13 Ungerer, S. 232; ars musica, S. 159; Der große Kilometerstein, S. 22.

14 Siehe Das Kanon Buch. 400 Kanons aus 8 Jahrhunderten. Schott Verlag, 1999, S. 173; außerdem: Eleonore Büning: Lotte pupt – Zum antipädagogischen Subtext eines Mozart-Kanons. In: F. A. Z. vom 19. Oktober 2005, S. I. 22.

Und setzet ihr nicht das Leben ein, Nie wird euch das Leben gewonnen sein!

Neben den „Tränen des Vaterlands“ von Gryphius gehören der „Der Abenteuerliche Simplicissimus Teutsch“ (1668/69) von Hans Jakob Christoffel Grimmelshausen und Friedrich Schillers Theatertrilogie „Wallenstein“ zu den wichtigsten literarischen Denkmälern des Dreißigjährigen Kriegs. Schiller hätte gern alle Menschen umarmt. Aber in Kriegszeiten erwarteten die Freiheitskämpfer Parteinahme von ihm.

„Geben Sie Gedankenfreiheit, Sire!“, lässt Schiller den Marquis Posa 1787 in der Erstfassung seines „Don Carlos“ sagen. Ein Jahr später begann die Große Französische Revolution, deren Ziel es war, den feudal-absolutistischen Ständestaat abzuschaffen. Wer bereit war, für die *politische* Freiheit sein Leben zu lassen, kannte jetzt nur noch Freunde und Feinde: Freunde, die an seiner Seite standen, und Feinde, die ihm die Freiheit verwehrten und daher bekämpft werden mussten.

Schillers Wallenstein

Als der „Wallenstein“ 1799 zum ersten Mal in allen drei Teilen uraufgeführt wurde, durchzogen die Napoleonischen Heere Europa, wie es im Dreißigjährigen Krieg die Wallensteinsche Armee und deren Gegenspieler getan hatten. Sie brandschatzten und marodierten. In beiden Fällen erhofften sich die ausgemergelten Völker Befreiung aus Not und Pein.

Schiller lässt das Reiterlied in „Wallensteins Lager“, dem ersten Teil seiner Trilogie, von den Reitersoldaten singen, die im kaiserlichen Generalissimus Wallenstein den Garanten von Fortschritt und Freiheit sehen. Am Ende des 11. Auftritts nimmt einer der wilden Gesellen dem anderen im Wechselgesang das Wort und den Treueschwur ab:

Reiterlied

Zweiter Kürassier:

Wohlauf, Kameraden, aufs Pferd, aufs Pferd,
Ins Feld, in die Freiheit gezogen!
Im Felde, da ist der Mann noch was wert,
Da wird das Herz noch gewogen;
Da tritt kein anderer für ihn ein,
Auf sich selber steht er da ganz allein.

Die reitenden Jäger haben sich während des Gesangs aus dem Hintergrund erhoben, fassen sich an der Hand und bilden den Chor:
Da tritt kein anderer für ihn ein,
Auf sich selber steht er da ganz allein.

Dragoner:

Aus der Welt die Freiheit verschwunden ist,
Man sieht nur Herren und Knechte,
Die Falschheit herrschet, die Hinterlist
Bei dem feigen Menschengeschlechte.
Der dem Tod ins Angesicht schauen kann.
Der Soldat allein ist der freie Mann.

Chor:

Der dem Tod ins Angesicht schauen kann,
Der Soldat allein ist der freie Mann.

Erster Jäger:

Des Lebens Ängste, er wirft sie weg,
Hat nicht mehr zu fürchten, zu sorgen.
Er reitet dem Schicksal entgegen keck,
Trifft's heute nicht, trifft es doch morgen,
Und trifft es morgen, so lasset uns heute.
Noch schlürfen die Neige der köstlichen Zeit.

Chor:
Und trifft es morgen, so lasset uns heut
Noch schlürfen die Neige der köstlichen Zeit!

Regieanweisung: *Die Gläser werden aufs neu gefüllt.*

Wachtmeister:
Von dem Himmel fällt ihm sein lustig Los,
Braucht's nicht mit Müh zu erstreben.
Der Fröner, der sucht in der Erde Schoß,
Da meint er den Schatz zu erheben.
Er gräbt und schaufelt, solang er lebt,
Und gräbt, bis er endlich sein Grab sich gräbt.

Chor:
Er gräbt und schaufelt, solang er lebt,
Und gräbt, bis er endlich sein Grab sich gräbt.

Erster Jäger:
Der Reiter und sein geschwindes Roß,
Sie sind gefürchtete Gäste;
Es flimmern die Lampen im Hochzeitsschloß,
Ungeladen kommt er zum Feste.
Er wirbt nicht lange, er zeiget nicht Gold,
Im Sturm erringt er den Minnesold.

Chor:
Er wirbt nicht lange, er zeiget nicht Gold,
Im Sturm erringt er den Minnesold.

Zweiter Kürassier:
Warum weint die Dirn und zergrämet sich schier?
Laß fahren dahin, laß fahren!

Er hat auf Erden kein bleibend Quartier,
Kann treue Lieb nicht bewahren.
Das rasche Schicksal, es treibt ihn fort;
Seine Ruh läßt er an keinem Ort.

Chor:
Das rasche Schicksal, es treibt ihn fort;
Seine Ruh läßt er an keinem Ort.

Regieanweisung: *Erster Jäger fasst die zwei Nächsten an der Hand; die übrigen bilden einen Halbkreis.*

Drum frisch, Kameraden!
Drum frisch, Kameraden, den Rappen gezäumt,
Die Brust im Gefechte gelüftet!
Die Jugend brauset, das Leben schäumt,
Frischauf, eh der Geist noch verdüftet!
Und setzet ihr nicht das Leben ein,
Nie wird euch das Leben gewonnen sein.

Chor:
Und setzet ihr nicht das Leben ein,
Nie wird euch das Leben gewonnen sein.[15]

Wallenstein eignete sich aus mehreren Gründen nicht zu einem Freiheitshelden, wie Schiller sich ihn erträumte. Goethe hatte daher seine liebe Mühe, seinen jüngeren Freund davon abzuhalten, dass er sich für sein Opus maximus einen anderen Titelhelden wähle. Immer wieder hat er ihn dazu ermuntert, am Thema Wallenstein mit seinem großartigen Zeitpanorama festzuhalten. Teile der Trilogie sind das Ergebnis dieses Dialogs, vor allem der Prolog, die Kapuzinerpredigt und das Soldatenlied.

15 Das Reiterlied findet sich unter Schillers Gedichten aus der Zeit von 1789 bis 1805.

Mit seiner realistisch brutalen Aufdeckung der Kriegsgreuel ist das Soldatenlied das krasse Gegenstück zum idealisierenden Reiterlied. Goethe und Schiller haben es gemeinsam getextet, jeder drei Strophen, vermutlich für die Weimarer Uraufführung. Im Druck und in späteren Aufführungen entfiel das Lied. Durch seine Vertonung hat es sich wenig später gleichsam verselbständigt. Allerdings war es als Lied nur einem kleineren Kreis bekannt. (Siehe „Morgens zwischen drein und vieren").

Soldatenlied

Es leben die Soldaten,
Der Bauer gibt den Braten,
Der Winzer gibt den Most:
Das ist Soldatenkost.

Der Bürger muß uns backen,
Den Adel muß man zwacken,
Sein Knecht ist unser Knecht:
Das ist Soldatenrecht.

In Wäldern geh'n wir pirschen
Nach Rehen und nach Hirschen
Und bringen frank und frei
Den Jägern das Geweih.

Heut schwören wir der Hanne
Und morgen der Susanne;
Die Lieb ist immer neu:
Das ist Soldatentreu.

Wir schmausen wie Dynasten,
Und morgen heißt es fast,
Früh reich, am Abend bloß:
Das ist Soldatenlos.

Wer hat, der muss uns geben,
Wer nichts hat, der soll leben;
Der Eh'mann hat das Weib
Und wir den Zeitvertreib.

Das ist der Ton, den schon die originalen Landsknechtslieder des Dreißigjährigen Kriegs angeschlagen hatten. Dagegen waren die Soldatenlieder, die die Freiheitslieder so stark beeinflussen sollten, eher untypisch für die blutige Zeit von 1618 bis 1648.

„Die Brust im Gefechte gelüftet": Das will sagen: Seht her, hier ist mein Herz, das zu opfern ich bereit bin. Nun trefft mich gut! Schiller hat es Ende des 18. Jahrhunderts geschrieben. Wenig später beklagte das Tiroler Volkslied „Zu Mantua in Banden" die Hinrichtung des Volkshelden Andreas Hofer (1767–1810), der die Tiroler in der Erhebung von 1809 gegen die bayerische und französische Besetzung seiner Heimat angeführt hatte. Als ihm befohlen wurde, niederzuknien, soll er sich mit den Worten: „Will sterben, wie ich stehe, will sterben, wie ich stritt" aufgerichtet haben. Das französische Exekutionskommando nahm ihm die Binde von den Augen, und Hofer soll gerufen haben: „Nun trefft mich recht!" Die erste Salve verletzte ihn nur, woraufhin der Todgeweihte das Hemd geöffnet und gespottet haben soll: „Franzosen, ach, wie schießt ihr schlecht!"

Morgenrot, Morgenrot

Wilhelm Hauff dichtete 1824 den Text zum Lied „Morgenrot, Morgenrot", in dem es heißt: „Heute noch auf stolzen Rossen, morgen durch die Brust geschossen."

Morgenrot, Morgenrot

Morgenrot, Morgenrot,
Leuchtest mir zum frühen Tod?
Bald wird die Trompete blasen:

Dann muß ich mein Leben lassen,
Ich und mancher Kamerad.

Kaum gedacht, kaum gedacht,
War der Lust ein End gemacht.
Gestern noch auf stolzen Rossen,
Heute durch die Brust geschossen,
Morgen in das kühle Grab!

Ach, wie bald, ach, wie bald
Schwindet Schönheit und Gestalt!
Prahlst du gleich mit deinen Wagen,
Die wie Milch und Purpur prangen:
Ach, die Rosen welken all'.

Darum still, darum still,
Füg' ich mich, wie Gott es will.
Nun, so will ich wacker streiten,
Und sollt' ich den Tod erleiden,
Stirbt ein braver Reitersmann.

„Gestern noch auf hohen Rossen, heute durch die Brust geschossen" ist zum geflügelten Wort geworden.

Sterben in Reih und Glied

Die Brust zum Gefechte gelüftet: Daraus hat sich der Mythos entwickelt, dass man dem Feinde das Herz zeigen soll, wenn man auf ihn zudringt. Welch ein gefährlicher Unsinn!

Goethe gehörte zu den wenigen, die abwägend blieben. Einen Monat nach Napoleons Niederlage in der Völkerschlacht bei Leipzig (1813) sagte er zu Heinrich Luden, der 1810 in Jena Vorlesungen über das Studium der vaterländischen Geschichte gehalten hatte: „Auch mir liegt Deutschland warm am Herzen; ich habe oft einen bittern Schmerz empfunden bei dem Gedanken an das deutsche Volk, das so achtbar im Einzelnen und so miserabel im Ganzen ist.“ Die Ergebnisse des Wiener Kongresses (1814–1815) sollten dieses Urteil bestätigen. Zwar war Napoleon geschlagen; aber die Einheit, ob mit oder ohne Österreich, brachte der Kongress nicht. Vielmehr stellte er die Weichen für alle späteren Auseinandersetzungen.

Singen, wenn es einem schlechtgeht

Vormärz. Der Begriff klingt nach einem Schlagwort, das nur das Vorspiel für alles, was darauf folgen sollte, einleitete. Aber die Zeit zwischen dem Wiener Kongress 1814/15 und der Märzrevolution 1848 hatte durchaus ihr Eigengewicht.

1815 einigten sich die souveränen Fürsten und Freien Städte Deutschlands mit Einschluss des Kaisers von Österreich sowie der Könige von Preußen, Dänemark (wegen Holstein) und der Niederlande (hinsichtlich Luxemburgs) auf ein lockeres Gebilde, den Deutschen Bund, der bundesstaatliche Züge trug. Er existierte bis 1866, verlor aber wegen der Revolution von 1848/49 an Bedeutung.

Bereits vorher hatte der Kongress unter Leitung des österreichischen Außenministers Fürst Klemens von Metternich die rheinischen Gebiete Jülich-Kleve-Berg, das Großherzogtum Niederrhein sowie Westfalen zugeschlagen.

Damit wurde es zur Schutzmacht gegen die Ansprüche Frankreichs, das immer noch die Rheingrenze anstrebte.

Typisch für die Literaturepoche des Vormärz ist eine starke Politisierung der Literatur: Gleichberechtigung und Demokratie in einem einigen Vaterland. Die Deutschen haben immer gesungen, wenn es ihnen schlechtging. Ohne die Freiheitslieder aus dem Kampf gegen Napoleon und ohne die Blut- und Tränen-Lieder aus der Barockzeit und der Romantik sind Hoffmanns Lied an die Deutschen und dessen Vorzüge nicht zu verstehen.

10. Vorschlag: Singe, wem Gesang gegeben

Auch „Singe, wem Gesang gegeben!" ist in deutschen Landen ein geflügeltes Wort. Aber wer erinnert sich daran, dass es von dem Dichter und Politiker Ludwig Uhland (1787–1862) stammt? Er beginnt sein programmatisches Gedicht „Freie Kunst" von 1813 mit ebendieser Zeile: „Singe, wem Gesang gegeben!" Es umfasst vier Strophen, von denen hier die erste und die letzte aufgeführt seien:

1. Singe, wem Gesang gegeben,
In dem deutschen Dichterwald!
Das ist Freude, das ist Leben,
Wenn's von allen Zweigen schallt.
Nicht an wenig stolze Namen
Ist die Liederkunst gebannt;
Ausgestreuet ist der Samen
Über alles deutsche Land.

4. Heilig achten wir die Geister,
Aber Namen sind uns Dunst;
Würdig ehren wir die Meister,
Aber frei ist uns die Kunst!
Nicht in kalten Marmorsteinen,
Nicht in Tempeln dumpf und tot:

In den frischen Eichenhainen
Webt und rauscht der deutsche Gott.[16]

Man sollte meinen, dass ein Lied, das mit den Zeilen „Singe, wem Gesang gegeben“ beginnt, gut zu Schillers Ode an die Freude und Mozarts „Alle Menschen werden Brüder“ passt. Aber Uhlands Gedicht „Freie Kunst“ ist gut zwanzig Jahre später in den Jahren der Freiheitskriege gegen Napoleon entstanden. In seiner Hymne schwingt ein nationaler Unterton mit: „In den frischen Eichenhainen webt und rauscht der deutsche Gott“. Offenbar glaubte Uhland wie mancher seiner Zeitgenossen, dass die Deutschen besonders gern und besonders oft sängen und dass ihre Lieder mit inniger Überzeugungskraft aus dem Herzen flössen.

Leib und Blut dem Vaterland
Opferpathos auch im Vormärz

Die Romantik teilte die Vorliebe des Barock für dramatische Gegensätze. Die Freiheitslieder des 19. Jahrhunderts griffen die Texte des 17. Jahrhunderts wieder auf. In der Zeit des Vormärzes zwischen dem Wiener Kongress von 1814/15 und der Märzrevolution von 1848 wurden Soldatenlieder gesungen, die denen aus der Barockzeit aufs Wort glichen.

Auch die beiden Freunde Clemens Brentano und Achim von Arnim ließen sich von Liedern aus der Zeit des Dreißigjährigen Kriegs inspirieren (vgl. 5. Vorschlag „Kein schön’rer Tod ist in der Welt“ von 1620,) und sangen davon, wie man unsterblichen Ruhm erwirbt, indem man sein Leben dem Vaterland weiht.

Kein schön’rer Tod ist in der Welt

Manch frommer Held mit Freudigkeit
Hat zugesetzt Leib und Blute,
Starb sel’gen Tod auf grüner Heid
Dem Vaterland zugute.

16 Uhlands Werke in vier Bänden. Erster Band. Zürich: Buchhandlung J. Hallauer, 1880.

Kein schön'rer Tod ist in der Welt,
Als wer vorm Feind erschlagen
Auf grüner Heid, im freien Feld
Darf nicht hörn groß Wehklagen.

Mit Trommelklang und Pfeifengetön
Manch frommer Held ward begraben,
Auf grüner Heid gefallen schön,
Unsterblichen Ruhm tut er haben.
Kein schön'rer Tod ist in der Welt,
Als wer vorm Feind erschlagen
Auf grüner Heid, im freien Feld
Darf nicht hörn groß Wehklagen.

Kein sel'grer Tod ist in der Welt

Kein sel'grer Tod ist in der Welt,
Als wer vom Feind erschlagen.
Auf grüner Heid, auf freiem Feld
Darf nicht groß hör'n Wehklagen.
Im engen Bett, da ein'r allein,
Muß an den Todesreihen;
Hier aber find't er G'sellschaft fein,
Fall'n mit wie Kräuter im Maien.
Ich sag' ohn' Spott:
Kein sel'grer Tod
Ist in der Welt,
Als man so fällt
Auf grüner Heid'
Ohn' Klag' und Leid.
Mit Trommeln Klang
Und Pfeifen-G'sang
Wird man begraben,

Davon tut haben
Unsterblichen Ruhm.
Mancher Held fromm
Hat zugesetzt Leib und Blute
Dem Vaterland zugute.[17]

Brentano und Arnim waren offenbar nicht nur vom Inhalt der Weise aus dem Dreißigjährigen Krieg fasziniert, sondern auch von der Form, mit der das barocke Poem die expressive Aussage zeremoniell bändigt. Das Gedicht besteht aus einer großen Strophe mit 22 Versen. Um den Fluss der Jamben überhaupt zustande zu bringen, setzen Brentano und Arnim das rhetorische Stilmittel der Apokopen ein, gekennzeichnet durch Apostrophen, bei denen meist der Buchstabe „e“ wegfällt. Das verrät bereits formal, dass es sich um Verniedlichungen und Beschönigungen handelt.

Nur der Teufel ist neutral

Wenige Jahre später, es muss kurz vor dem Wiener Kongress gewesen sein, hat Brentano das nüchternste Soldatenlied geschrieben, das wir aus jener Zeit kennen.

Es leben die Soldaten

Es leben die Soldaten
So recht nach Gottes Gnaden,
Der Himmel ist ihr Zelt,
Ihr Tisch das grüne Feld.

Ihr Bette ist der Rasen,
Trompeter müssen blasen:
Guten Morgen, gute Nacht,
Dass man mit Lust erwacht!

17 Clemens von Brentano und Achim von Arnim, 1806–1808. Nachdichtung eines Soldatenlieds von 1620, das Friedrich Silcher (1789–1860) neu vertonte.

Ihr Wirtsschild ist die Sonne,
Ihr Freund die volle Tonne,
Ihr Schlafbuhl ist der Mond,
Der in der Sternschanz wohnt.

Die Sterne haben Stunden,
Die Sterne haben Runden
Und werden abgelöst.
Die Schildwacht sei getrost.

Wir richten mit dem Schwerte,
Der Leib gehört der Erde,
Die Seel' dem Himmelszelt;
Der Rock bleibt in der Welt.

Wer fällt, der bleibet liegen,
Wer steht, der kann noch siegen,
Wer übrig bleibt, hat recht,
Und wer entflieht ist schlecht.

Zum Hassen und zum Lieben
Ist alle Welt getrieben,
Es bleibet keine Wahl.
Der Teufel ist neutral.

Bedienet uns ein Bauer,
So schmeckt der Wein fast sauer.
Doch ist's ein schöner Schatz,
So kriegt sie einen Schmatz.[18]

In Anlehnung an Schillers „Es leben die Soldaten, der Bauer gibt den Braten". Musik nach der Melodie „Des Morgens zwischen drein und vieren." Brentano

18 Clemens von Brentano: Es leben die Soldaten, 1813.

bringt es auf den Punkt: Wer übrigbleibt, hat recht. Und: Der Teufel ist neutral. Sonst ist vom Teufel nie die Rede.

Eng verwandt mit diesem patriotischen Appell ist ein weiteres Lied über den Soldatentod, das ebenfalls aus der ersten Hälfte des 17. Jahrhunderts stammt:

Kein schön'rer Tod auf dieser Welt

Kein schön'rer Tod auf dieser Welt,
Als wer auf grüner Heide fällt!
Auf grüner Heide schlafen,
Wenn Schwert und Kugel trafen:
Das nenn' ich süße Ruh,
Tät gern die Augen zu.

Und zieht ihr heim ins Vaterland:
Wer fällt, zieht noch in schön'res Land;
Des Heils kann sich vermessen,
Kann Welt und Glück vergessen,
Wer unter Blumen ruht,
Getränkt von treuem Blut.

Und wer daheim ein Herz noch kennt,
Das treu sich und sein eigen nennt,
Der denke dran im Streite,
Daß Freiheit er bereite
Zum Heil dem Vaterland,
Zum Heil dem Liebesband!

Drum Brüder, rasch die Wehr zur Hand,
Den kühnen Blick zum Feind gewandt!
Laßt euer Banner schweben,
Ertrotzt vom Tod das Leben!
Denn nur aus Sieg und Tod
Blüht Freiheitsmorgenrot.

Den Text überlieferte Daniel Georg Morhof (1639–1691), der sich als Begründer der allgemeinen Literaturgeschichte einen Namen gemacht hat. Er ist ebenfalls von dem Tübinger Musikpädagogen Friedrich Silcher neu vertont worden. Wenn wir Silcher nicht gehabt hätten! Er hat so vielen alten Texten neues Leben durch volkstümliche Melodien eingehaucht, von Simon Dachs „Ännchen von Tharau“ bis Heinrich Heines Loreley-Parodie „Ich weiß nicht, was soll das bedeuten“, von „Alle Jahre wieder“ bis „Wenn alle Brünnlein fließen“ und „Muss i denn, muss i denn zum Städele hinaus“. Gott sei Dank, ist eine Rebsorte nach ihm benannt worden: Silcher. Denn man Prost!

Silchers besondere Aufmerksamkeit galt Liedern vom Soldatentod. Auch folgendes altdeutsche Grablied ist ihm nicht entgangen:

Ehrenvoll ist er gefallen

Ehrenvoll ist er gefallen,
Gebt ihm seinen Schild ins Grab.
Droben aus den Wolkenhallen
Sehn die Väter jetzt herab.
Einen Hain von jungen Eichen
Pflanzt um seines Hügels Rand,
Pflanzt um seines Hügels Rand,
Beim Erwachen ihm zu Zeichen,
Dass er sei im deutschen Land.

Schenkendorfs Ode an die Freiheit

In diesen Zusammenhang gehört auch Max von Schenkendorfs Ode an die Freiheit, verfasst im Jahre 1813, als Erstdruck erschienen 1815, also in der Zeit, als der Wiener Kongress Europa neu ordnete und noch alle Blütenträume grünten:

Freiheit, die ich meine,
Die mein Herz erfüllt,
Komm mit deinem Scheine,
Süßes Engelsbild!

Magst du nie dich zeigen
Der bedrängten Welt,
Führest deinen Reigen
Nur am Sternenzelt?

Auch bei grünen Bäumen
In dem lust'gen Wald
Unter Blütenträumen
Ist dein Aufenthalt.
Ach, das ist ein Leben,
Wenn es weht und klingt,
Wenn dein stilles Weben
Wonnig uns durchdringt!

Wenn die Blätter rauschen
Süßen Freudesgruß,
Wenn wir Blicke tauschen,
Liebeswort und Kuss.
Aber immer weiter
Nimmt das Herz den Lauf,
Auf der Himmelsleiter
Steigt die Sehnsucht auf.

Wo sich Gottes Flamme
In ein Herz gesenkt,
Das am alten Stamme
Treu und liebend hängt;
Wo sich Männer finden,
Die für Ehr' und Recht
Mutig sich verbinden,
Weilt ein frei Geschlecht.[19]

19 Text: Max von Schenkendorf, 1813, Melodie: Karl August Groos, 1815. Volks- und Heimatlieder, a.a.O., S. 201.

Für die Liebsten fallen

Schenkendorf (1783–1817) gilt als der bedeutendste Lyriker in der Zeit der Befreiungskriege gegen Napoleon. Sein Bruder Karl fiel 1813 in der Schlacht bei Bautzen, in der Napoleon die Verbündeten Preußen und Russland noch einmal besiegt hatte. Der vollständige Text seiner Ode an die Freiheit umfasst 15 Strophen. Zum besseren Verständnis des Zeitgeistes seien hier auch die Strophen 12 und 15 zitiert:

Für die Kirchenhallen,
Für der Väter Gruft,
Für die Liebsten fallen,
Wenn die Freiheit ruft.

Freiheit, holdes Wesen,
Gläubig, kühn und zart,
Hast ja lang erlesen,
Dir die deutsche Art.[20]

Das Fähnlein der Aufrechten

Schenkendorf war auch der Autor des von Groos vertonten Textes „Wenn alle untreu werden". Dessen erste Strophe lautet:

Wenn alle untreu werden,
So bleiben wir doch treu:
Dass immer noch auf Erden
Für euch ein Fähnlein sey.

20 Gerhard Herm: Freiheit, die ich meine. Eine deutsche Geschichte. Zürich/ Köln: Verlag Benzinger, 1986. Taschenbuch-Ausgabe Rastatt: Moewig Verlag, 1988; Hermann Josef Coenen: Freiheit, die ich meine. Düsseldorf: Patmos Verlag, 1995.

Ihr Lehrer deutscher Jugend,
Ihr Bilder bess'rer Zeit,
Ihr uns zu Männertugend,
Zum Liebestod geweiht.

Das Lied ist auch in Wilhelm Cleffs „Die weiße Trommel" (a. a. O., S. 15), das ich eher *Die „braune" Trommel* nennen möchte, samt Melodie nachgedruckt. Dort lautet die letzte Strophe:

Ihr Sterne seid uns Zeugen,
Die ruhig niederschaun,
Wenn alle Brüder schweigen
Und falschen Götzen traun.
Wir wolln das Wort nicht brechen,
Nicht Buben werden gleich,
Wolln predigen und sprechen
vom heilgen Deutschen Reich.

Deutsche Art

Die Freiheit, so meinte Schenkendorf, habe sich „die deutsche Art" erkoren. Wagt sich da ein nationalistischer Ton hervor? Fünf Jahre vorher war der Philosoph Johann Gottlieb Fichte in seinen „Reden an die deutsche Nation" (1808) sogar so weit gegangen, die Deutschen zum „Urvolk" zu erheben und das Deutsche als die „Ursprache" auszugeben – in der eitlen Hoffnung, das nationale Minderwertigkeitsgefühl der von Napoleon gedemütigten Deutschen damit kompensieren zu können. Noch radikaler maßen der „Turnvater" Friedrich Ludwig Jahn und der evangelische Theologe und Publizist Ernst Moritz Arndt den Deutschen die Aufgabe zu, die Welt zu beglücken und womöglich von Zwietracht und Eigennutz zu erlösen.[21]

21 Siehe dazu Heinrich August Winkler: Wie wir wurden, was wir sind. Eine kurze Geschichte der Deutschen. München: C. H. Beck, 2020, S. 33 ff.

Lach nicht allein

Inzwischen achten wir, dass auch alle anderen ihre Lieder haben. Wir singen sie, wenn wir es können, gerne mit, und wir freuen uns, wenn sie unsere Lieder mitsingen. Ganz im Sinne des Lieds „Wenn du singst, sing nicht allein“ von Heinz-Georg Summund, das in seinem Refrain empfiehlt: „Zieh den Kreis nicht zu klein!“

> Wenn du singst, sing nicht allein,
> Singen steckt an, Singen kann Kreise zieh'n.
>
> Wenn du lachst, lach nicht allein,
> Lachen kann Kreise zieh'n …
>
> Wenn du träumst, träum nicht allein …
>
> Wenn du weinst, wein' nicht allein …

Man kann es auch mit anderen Verben probieren. Unseren Kindern gefiel „Wenn du pupst, pup nicht allein“ am besten.

Einigkeit und Recht und Freiheit herbeisingen

Gerade weil die Aussicht nach der gewaltsamen Niederschlagung der März-Revolution so trübe war, blieben der Traum und damit das Lied als Waffe aktuell. Die Sänger haben auf die Kraft der Musik vertraut und sie politisch überfordert.

Liederkränze und Musikfeste

Während Briten und Franzosen ihre nationale Einheit und ihre Souveränität feierten, gründeten die Deutschen Liedertafeln und inszenierten Sängerfeste. Wieder sollte die Musik ersetzen, was die Realität verweigerte.

Goethes Duzfreund Carl Friedrich Zelter, von Beruf Maurermeister und als Autodidakt ein erstaunlich vielseitiger Komponist, Musikpädagoge und Hochschullehrer, gründete Ende 1808 in Berlin die „Zeltersche Liedertafel". Es wurde geschmaust und gesungen – Lieder, die die Mitglieder der Runde selbst gedichtet oder komponiert hatten. Zelters Beispiel sollte Schule machen. Hier sei nur auf Friedrich Silcher, den Vielseitigen, hingewiesen, der mit seinen Neuvertonungen einen so überragenden Einfluss auf das Volkslied ausüben sollte. Bereits 1829 gründete er die „Akademische Liedertafel" zu Tübingen. Nicht nur, dass allerorten Liedertafeln, Sängerkränze, Männergesangvereine und Musikakademien entstanden; es wurden auch Sängerfeste und „unverdächtige" Denkmalfeste für deutsche Komponisten abgehalten, gemeinsame Schifffahrten auf dem Rhein veranstaltet und Musikperiodika herausgegeben.

1845 feierte man in Würzburg, wo Walther von der Vogelweide begraben liegt, das erste gesamtdeutsche Sängerfest, und der Gesangslehrer und Musikschriftsteller Gustav Nauenburg (1803–1862) dichtete 1847 voller Stolz auf die Musik als Vorreiter nationaler Verbundenheit: „Wie sich im männlich deutschen Lied/ Die Stimmen kräftig einen,/ so einig soll im Nord und Süd/ Auch unser Sinn erscheinen." 1849 gelobte der erste deutsche Tonkünstlerverband, der sich zum Dachverband der deutschen Berufsmusiker auswachsen sollte, auf einer Festveranstaltung in Leipzig, er wolle „die Einigung der zersplitterten Kräfte" auch im Musikleben vorantreiben.

Aber die nationale Einheit ließ auf sich warten. Je länger es dauerte, dass die Sehnsucht erfüllt wurde, desto weniger beschränkten sich die Liedertafeln darauf, einfach nur zu singen, und umso stärker nahm man die Sänger in die Pflicht, die Einheit herbeizuschmettern. So forderte die Zeitschrift „Die Sängerhalle", die von 1862 bis 1908 erschien: „Singt denn, ihr Sänger, eure Vaterlandslieder in die Herzen des Volkes hinein!" Die Vereine nannten sich nicht mehr, wie früher, schlicht „Liedertafel" oder „Sängerkranz", sondern „Eintracht", „Concordia" oder „Harmonia".

1832 Hambacher Fest
Einigkeit und Recht und Frieden

Auch unsere Nationalhymne kann man nur verstehen, wenn man den historischen Hintergrund kennt, vor dem sie entstanden ist. Als Heinrich August Hoffmann von Fallersleben sie 1842 schrieb, gab es weder Einigkeit noch demokratisches Recht, noch Freiheit für das deutsche Vaterland, und das deutsche Vaterland gab es auch nicht. Während andere Völker ihre Einheit feierten, gaben die Deutschen der Sehnsucht danach in Liedern Ausdruck, die vor allem an Liedertafeln und auf Sängerfesten angestimmt wurden. Um das ganze Ausmaß des Liederrummels zu beschreiben, wähle ich als Beispiel das Hambacher Fest. Es fand 1832 statt, also fast zehn Jahre, bevor Heinrich Hoffmann von Fallersleben das „Lied der Deutschen" reimte. Wer weiß, vielleicht wäre unsere Nationalhymne nie entstanden, wenn die Patrioten von Hambach mit ihrem Singen Erfolg gehabt hätten!

Aber Lieder können halt nicht immer Waffen ersetzen. Was hülfe es, das Wort Frieden auf den Lippen zu führen, wenn die Heimat nicht frei ist? Das mussten sich die Deutschen immer und immer wieder fragen, und das fragen sich in diesen Tagen vor allem die Ukrainer. Die uns daran erinnern, dass Frieden das Ziel sein muss, das man aber nicht auf Kosten der Freiheit erreichen kann. Der Frieden folgt der Freiheit und nicht umgekehrt. Wenn wir „Einigkeit und Recht und Frieden!" sängen, würde sich vielleicht unsere Brust weiten; aber es wäre unhistorisch.

Hambach liegt in der Vorderpfalz. Über dem Ort erhebt sich der 380 Meter hohe Schlossberg mit dem Hambacher Schloss. Der Hauptorganisator der eindrucksvollen Kundgebung von 1832 war Philipp Jakob Siebenpfeiffer (1787–1845). Dem von ihm selbst geschriebenen Eröffnungslied „Hinauf Patrioten, zum Schloss, zum Schloss!" unterlegte der Jurist und Publizist die Melodie von Friedrich Schillers Reiterlied: „Wohlauf, Kameraden, aufs Pferd, aufs Pferd,/ Ins Feld, in die Freiheit gezogen! … Und setzet ihr nicht das Leben ein,/ Nie wird euch die Freiheit gewonnen sein." Derselbe Schiller, der am liebsten die ganze Welt umarmt hätte, wusste, dass Frieden nicht die Voraussetzung, sondern die Folge von Freiheit ist. Auf dem Hambacher Fest haben 300 Handwerksburschen mit Enthusiasmus Siebenpfeiffers Umdichtung „Hinauf, Patrioten, zum Schloss, zum Schloss!" gesungen.

Für die Kundgebung und während der Kundgebung sind Hunderte von Liedern entstanden. Allein die Sammlung von Philipp Hepp (1797–1867) enthält 600 Lieder, die Martin Baus und Reiner Marx in ihrem Buch „Freudenklang hat unser Ohr vernommen" vorstellen. Sie leiten es mit dem „Festgesang" ein, in dessen 5. Strophe es heißt:

> Ordnung, Friede,
> Ewig biete
> Sie umsonst des Heuchlers Mund!
> Ordnung muss durch Licht gedeihen,
> Freiheit muss den Frieden weihen,
> Nicht der Kön'ge finstrer Bund.[22]

---

22 Martin Baus und Rainer Marx: „Freudenklang hat unser Ohr vernommen". Lieder vom Hambacher Fest 1832. Bad Homburg: Siebenpfeiffer-Stiftung, 2017, S. 15. Die Siebenpfeiffer-Stiftung ehrt mit diesem Buch den Hauptorganisator des Hambacher Fests: Philipp Jakob Siebenpfeiffer.

Freiheit von oben

Nicht der Kön'ge finstrer Bund! Auch Heinrich Hoffmann von Fallersleben hat sich Einigkeit und Recht und Freiheit *von unten* erhofft, errungen durch das Volk. Was wir bekamen, war die Einheit *von oben*, eingefädelt vom Reichskanzler Otto von Bismarck. Deshalb wurde 1871 anlässlich der Proklamation des preußischen Königs zum deutschen Kaiser im Schloss zu Versailles auch nicht Hoffmanns Deutschlandlied, sondern „Heil dir im Siegerkranz, Retter des Vaterlands, heil Kaiser dir!“ gesungen.

Erst 1922 erklärte Reichspräsident Friedrich Ebert (SPD) Hoffmanns „Lied der Deutschen“ zur Nationalhymne – und zwar ganz bewusst am dritten Verfassungstag der noch ungefestigten Weimarer Republik.

Einigkeit und Recht und Freiheit
Für das deutsche Vaterland!
Danach lasst uns alle streben,
Brüderlich mit Herz und Hand.
Einigkeit und Recht und Freiheit
sind des Glückes Unterpfand.
Blüh' im Glanzes dieses Glückes,
Blühe deutsches Vaterland!

Zur Erklärung sagte Ebert, der Dreiklang Einigkeit und Recht und Freiheit habe in Zeiten der Zersplitterung und Unterdrückung der Sehnsucht des deutschen Volkes nach einer besseren Zukunft Ausdruck verliehen. Er wünsche sich, dass die Hymne „gegen Zwietracht und Willkür“ gesungen werde, was damals noch keineswegs selbstverständlich war. Sie dürfe nicht Demonstration nationalistischer Überhebung sein, sondern, so wie es sich der Dichter gewünscht habe, eine Liebeserklärung an das deutsche Vaterland. Also nicht Deutschland, Deutschland über *allem*, sondern Deutschland, Deutschland über *alles*. Weise Worte, die bei der Machtergreifung Adolf Hitlers im Winde verwehten.

Freiheit haben wir inzwischen, spätestens seit der Wiedervereinigung. Aber Frieden brauchen wir noch – so wie die Luft zum Atmen. Im Geiste singe ich daher oft: Einigkeit und Recht und Frieden.

11. Vorschlag: Gruß an das Vaterland

Deutschland war zerrissen; aber die Dichter blieben dem Gedanken an ein einiges Vaterland treu. Die besten Geister waren bereit, dem Vaterland ihr Leben zu weihen. So wie Johann Nepomuk Vogl, der von Berufs wegen kein Dichter, sondern ein Beamter war:

Gegrüßt, du Land der Treue

Gegrüßt, du Land der Treue,
Du teures Vaterland!
Froh leist' ich dir aufs neue
Den Eid mit Mund und Hand.

Gegrüßt, du Land der Treue,
So reich an Korn und Wein!
O Wonne sonder Reue,
Dein eigen stets zu sein!

Gegrüßt, du Land der Treue,
Mit Eichen frisch und grün!
O gib, dass ich mich freue
Noch lang' an deinem Blüh'n!

Gegrüßt, du Land der Treue,
So stark in Zeit der Not!
Begehrst du mein, so scheue
Ich Qualen nicht und Tod.

Gegrüßt, du Land der Treue,
Das mir das Leben gab!
Von deinen Eichen streue
Ein Blatt nur auf mein Grab![23]
– *Wagner/Langer, S. 14 f.*

Dieser Treueschwur klingt nicht nach aufgesetztem Pathos. Von Vogl gibt es 40 Gedichtbände. Sein Ehrengrab liegt auf dem Wiener Zentralfriedhof. Auch ich gebe ihm die Ehre.

Vaterland, du Land der Ehre

Von Ehre, Freiheit und Treue bis in den Tod schwärmten auch Studentenlieder. Als Beispiel sei hier die Hymne der *Deutschen Burschenschaft* zitiert:

Schwört bei dieser blanken Wehre,
Schwört, ihr Brüder, allzumal:
Fleckenrein sei uns're Ehre
Wie ein Schild von lichtem Stahl.
Was wir schwuren, sei gehalten
Treulich bis zur letzten Ruh'.
Hört's, ihr Jungen, hört's, ihr Alten,
Hör's auch du!

Freiheit, duft'ge Himmelsblume,
Morgenstern nach banger Nacht!
Treu vor deinem Heiligtume
Steh'n wir alle auf der Wacht.

23 Text: Johann Nepomuk Vogl (1802–1866); Melodie: Hans Georg Nägeli (1773–1836). Franz Magnus Böhme: Volkstümliche Lieder der Deutschen im 18. und 19. Jahrhundert. Nachdruck der Ausgabe von 1895. Norderstedt: Hansebooks GmbH, 2016.

Was erstritten uns're Ahnen,
Halten wir in starker Hut:
Freiheit schreibt auf eure Fahnen,
Für die Freiheit unser Blut!

Ich zitiere nur die ersten beiden Strophen des vierstrophigen Studentenlieds aus dem Jahr 1879. Den Text hat Rudolf Baumbach (1840–1905) verfasst, der 1879 auch den Text „Der Wagen rollt" dichtete. Er wurde 1922 unter dem Titel „Hoch auf dem gelben Wagen" von Heinz Höhne vertont. Der Evergreen gehört zu unseren beliebtesten Volksliedern. Der frühere Bundespräsident Walter Scheel hat es quasi zur Hymne der FDP gemacht. Ein Lied mit Tiefgang, aber ohne so viel Pathos.

12. Vorschlag: Die Gedanken sind frei

Gedankenfreiheit haben die Deutschen immer gehabt, aber viele haben davon keinen Gebrauch gemacht. Trotzdem (oder gerade deshalb) gehört das Lied „Die Gedanken sind frei" zu unseren beliebtesten Volksliedern. Wenigstens in Gedanken will man sich einmal als Held fühlen dürfen, und manche sind ja auch wirklich Helden. Seit dem Mittelalter ist das Freiheitslied immer wieder umgedichtet und aktualisiert worden. Die früheste Fassung hat uns der von Land zu Land ziehende Vagant Freidank (Ende des 12. Jahrhunderts bis 1233) übermacht:

diu bant mac nieman vinden,
diu mine (Dach über dem i) gedanken binden.
Man vahet (Dach über dem a) wip (Dach) unde man,
gedanke niemen gevahen (Dach) kan.

Die Bänder wird niemand finden,
Die meine Gedanken binden.
Man fanget Weib und Mann,
Gedanken niemand fangen kann.

Achim von Arnim und Clemens Brentano haben in ihre Sammlung „Des Knaben Wunderhorn“ von 1806/1808 (a.a.O, S. 654 f.) folgende Fassung aufgenommen:

Lied des Verfolgten im Turm

Der Gefangene

Die Gedanken sind frei,
Wer kann sie erraten?
Sie rauschen vorbei
Wie nächtliche Schatten.
Kein Mensch kann sie wissen,
Kein Jäger sie schießen;
Es bleibet dabei:
Die Gedanken sind frei.

Das Mädchen

Im Sommer ist gut lustig sein
Auf hohen wilden Heiden,
Dort findet man grün Plätzelein,
Mein herzverliebtes Schätzelein,
Von dir mag ich nicht scheiden.

Der Gefangene

Und sperrt man mich ein
Im finsteren Kerker,
Dies alles sind nur
Vergebliche Werke;
Denn meine Gedanken
Zerreißen die Schranken
Und Mauern entzwei:
Die Gedanken sind frei.

Das Mädchen

Im Sommer ist gut lustig sein
Auf hohen wilden Bergen;
Man ist da ewig ganz allein,
Man hört da kein Kindergeschrei,
Die Luft mag einem da werden.

Der Gefangene

So sei es, wie es will,
Und wenn es sich schicket,
Nur alles in der Still
Und was mich erquicket.
Mein Wunsch und Begehren
Niemand kann's mir wehren;
Es bleibet dabei:
Die Gedanken sind frei.

Das Mädchen

Mein Schatz, du singst so fröhlich
Wie's Vögelein im Grase; hier
Ich steh so traurig bei der Kerkertür,
Wär ich doch tot, wär ich bei dir,
Ach, muss ich denn immer klagen.

Der Gefangene

Und weil du so klagst,
Der Lieb' ich entsage,
Und ist es gewagt,
So kann mich nicht plagen,
So kann ich im Herzen
Stets lachen, bald scherzen;
Es bleibet dabei:
Die Gedanken sind frei.

Eine aufgesetzte Fröhlichkeit! Der Gefangene singt ja auch nicht wie ein Vögelein im Grase, sondern wie ein Vogel im Käfig. Das ist wie im Volkslied „Horch, was kommt von draußen rein". Zwar beharrt der Sänger trotzig darauf, dass er lieben könne, wen er wolle: Die Gedanken sind frei. Aber wenn Feinsliebchen ihre Hochzeit mit einem anderen feiert, geht der Verlassene in sein Kämmerlein und trägt den Schmerz für sich allein. Was für ein Trauertag!

1842, ein Jahr, nachdem er das „Lied der Deutschen" verfasst hatte, hat Hoffmann von Fallersleben seine Version des Gedichts „Die Gedanken sind frei" geschrieben, nach der wir das Lied singen. Er hat sich auf jene Strophen konzentriert, die bei von Arnim und Brentano der Gefangene singt. Es sind die Strophen, die sich reimen. Und er hat aus dem Liebeslied ein politisches Lied gemacht. Damit machte er, was den Text für eine Nationalhymne angeht, sich selber Konkurrenz:

Die Gedanken sind frei

Die Gedanken sind frei,
Wer kann sie erraten?
Sie fliegen vorbei
Wie nächtliche Schatten.
Kein Mensch kann sie wissen,
Kein Jäger sie schießen
Mit Pulver und Blei:
Die Gedanken sind frei.

Ich denke, was ich will
Und was mich beglücket,
Doch alles in der Still
Und wie es sich schicket.
Mein Wunsch und Begehren
kann niemand verwehren.
Es bleibet dabei:
Die Gedanken sind frei.

Und sperrt man mich ein
Im finsteren Kerker,
Das alles sind rein
Vergebliche Werke;
Denn meine Gedanken
Zerreißen die Schranken
Und Mauern entzwei:
Die Gedanken sind frei.

Drum will ich auf immer
Der Sorgen entsagen
Und will mich auch nimmer
Mit Grillen mehr plagen.
Man kann ja im Herzen
Stets lachen und scherzen
Und denken dabei:
Die Gedanken sind frei.[24]

Wenn wir das Lied singen, lassen wir die letzte Strophe, die so verzweifelt lustig wirkt, weg.

Man muss schon genau hinhören, um zu erfassen, dass auch bei Hoffmann nur die Gedanken frei sind, aber der Sänger nicht. Verräterisch ist vor allem die zweite Strophe, in der es heißt, dass der „Freidenker" alles in der Still bewegt, also nur im Kopf – „und wie es sich schicket". Auch die Schranken und Mauern reißt er nur ideell ein, aber nicht wirklich. Gedankenfreiheit! Die Freiheit über den Wolken ist nicht alles.

24 Ungerer, S. 209; Bruder Singer, S. 203 f.; Der Zupfgeigenhansl, a. a. O., S. 118.

Kampf um die politische Freiheit

Die sozialen und politischen Verhältnisse oder ein Tyrann verhindern, dass die Liebenden sich umarmen dürfen: Sie konnten zusammen nicht kommen. Wer die volle Freiheit genießen wollte, musste auch die politische Freiheit erkämpfen.

Niemand hat das besser gewusst als Sophie Scholl. Im August 1942 stellte sie sich an die Gefängnismauer und spielte ihrem inhaftierten Vater die Melodie des Freiheitslieds auf der Blockflöte vor. Sie gehörte der Widerstandsgruppe „Weiße Rose" an und war eine der Bewundernswerten, die ihr Leben in dem von den Nationalsozialisten beherrschten Deutschland einsetzten. Am 22. Februar 1943 wurde sie zusammen mit ihrem Bruder Hans Scholl vom sogenannten Volksgerichtshof unter Vorsitz des fanatischen Richters Roland Freisler wegen „Vorbereitung zum Hochverrat" und „Wehrkraftzersetzung" verurteilt und noch am selben Tag hingerichtet. Sie hatte Flugblätter verteilt.

Volker Bouffier, der in Hessen zwölf Jahre lang einer schwarz-grünen Modell-Regierung vorstand, ist Ende Mai 2022 feierlich im Wiesbadener Schloss Biebrich verabschiedet worden. Vom Heeresmusikkorps aus Kassel durfte er sich drei Lieder wünschen. Seine Wahl fiel auf „Die Gedanken sind frei", weil Freiheit ein Grundpfeiler der Demokratie sei, die es gerade heute wieder zu verteidigen gelte, auf „My Way" von Frank Sinatra und auf „One Moment in Time" von Whitney Houston, die inoffizielle Hymne der Olympischen Spiele von 1988, die Bouffier an seine Zeit als Innen- und Sportminister erinnerte.

Du liebst die Stille wie die Nachtigallen

Der Dichter Georg Herwegh (1817–1875) liebte an der Freiheit deren Verschwiegenheit und Bescheidenheit:

O Freiheit! Freiheit! Nicht von Hymnen schallen
In reichgeschmückten fürstlichen Arkaden.

Freiheit, du wohnst an einsamen Gestaden
Und liebst die Stille wie die Nachtigallen.

Dagegen wollte Max von Schenkendorf die Freiheit nicht nur als süßes Engelsbild hoch am Sternenzelt besingen, sondern auch als Bannerführerin für ein frei' Geschlecht.

Bibel und Volkslied

Die meisten Texte und Melodien lassen sich einzelnen Persönlichkeiten zuschreiben, die allerdings, über Generationen hinweg, eines Sinnes sind. Außerdem sind die Weisen unverkennbar von der Bibel, vom Kirchenlied sowie von Volksliedern beeinflusst. Die Tage des Vormärz waren auch die Zeit, als die Dichter, von Herder bis Goethe und von Georg August Bürger bis Wilhelm Müller, Uhland und Brentano die Volkspoesie und das Volkslied entdeckten. Zumal Heinrich Hoffmann von Fallersleben sollte dieser Einsicht eine politische Dimension geben. (Karl Scheibenberger: Der Einfluß der Bibel und des Kirchenliedes auf die Lyrik der deutschen Befreiungskriege. Frankfurter Diss. 1936, Verlag Gelnhausen; Susanne Engelmann: Der Einfluß des Volksliedes auf die Lyrik der Befreiungskriege. Heidelberger Diss. 1909.)

Freiheit, Ehre, Vaterland

Von diesen drei Begriffen hat nur das Wort „Freiheit“ seine Unschuld nicht verloren. So wie die Sonne jeden Morgen neu erwacht, so erhebt sich auch die Freiheit, was immer sie auch am Vortag erlitten haben mag, zu frischem Glanz. Wer die anderen beiden Schlagwörter benutzt, muss erklären, was sie in jenen Tagen sagen wollten, als auch sie noch einen guten Klang hatten. Und er sollte ihre Vorgeschichte kennen.

Wer jetzig Zeiten leben will

Wer jetzig Zeiten leben will,
Muss hab'n ein tapfres Herze.
Es sein der argen Feind so viel,
Bereiten ihm groß Schmerze.
Da heißt es stehn ganz unverzagt
In seiner blanken Wehre,
Dass sich der Feind nicht an uns wagt,
Es geht um Gut und Ehre.

Geld nur regiert die ganze Welt,
Dazu verhilft Betrügen.
Wer sich sonst noch so redlich hält,
Muss doch bald unterliegen.
Rechtschaffen hin, rechtschaffen her,
Das sind nur alte Geigen:
Betrug, Gewalt und List vielmehr,
Klag du, man wird dir's zeigen.

Doch wie's auch kommt, das arge Spiel,
Behalt ein tapf'res Herze,
Und sind der Feind auch noch so viel,
Verzage nicht im Schmerze.
Steh Gott getreulich unverzagt
In deiner blanken Wehre.
Wenn sich der Feind auch an uns wagt,
Es geht um Gut und Ehre.[25]

Das Lied stammt aus einer Zeit, als das Wort „Ehre" noch unverfänglich war. Franz Wilhelm Freiherr von Dithfurt hat es 1876 veröffentlicht, aber seine Wurzeln reichen bis ins 17. Jahrhundert zurück. Es war Vorbild für einige

25 Bruder Singer, S. 191; Die Mundorgel, 2001, Nr. 124.

andere Versionen, so auch für „E anners Badener Lied: Wer heit als Badner lewe will"

Das ist heute anders. Wir erholen uns nur langsam davon, dass die Nationalsozialisten den Ehrbegriff durch ihren Rassenwahn besudelt haben – so als ob nur Arier eine Ehre hätten.[26]

Leever dood as Sklav

Von allen Marksprüchen über die Freiheit ist mir der kürzeste am liebsten, und der kommt natürlich aus meiner Heimat: „Leever dood as Sklav". Lieber tot als Sklave. Schon im Mittelalter war in friesischen Siedlungsgebieten auf Gedenksteinen „Liewer düd aß Slaawe" zu lesen. Seine Ballade „Pidder Lüng" über einen Sylter Fischer lässt Detlev von Liliencron am Ende jeder Strophe in diesen Wahlspruch gipfeln, und zwar in der Schreibweise „Lewwer duad üs Slaav". Der Kampfruf dient als Beispiel dafür, wie viele Dialekte es in Friesland gibt. Und nicht nur dort.[27]

Im 19. und 20. Jahrhundert wurde diese Devise auch über die Grenzen Schleswig-Holsteins hinaus bekannt. Der Komponist Christian Lahusen, geboren 1886 in Buenos Aires, gestorben 1975 zu Überlingen, hat einen Kanon für drei Stimmen daraus gemacht. Er komponierte auch folgenden Kanon für vier Stimmen:

Freiheit gewähr ich, Frieden erklär ich

Freiheit gewähr ich,
Frieden erklär ich,
Recht verbürg ich,
Missetat würg ich.[28]

....

26 Nachzulesen in dem Gesetz zum Schutze des deutschen Blutes und der deutschen Ehre, 1935.

27 Rudolf Bülck: Lewer dud üs Slaw. Geschichte eines politischen Schlagworts. In: Zwischen Eider und Wiedau. Heimatkalender Nordfriesland. Husum: Husum Druck- und Verlagsgesellschaft, 1979.

28 Kanon zu vier Stimmen von Christian Lahusen. Bruder Singer, S. 190.

13. Vorschlag: Freiheit, die ich meine

Freiheit, die ich meine,
Die mein Herz erfüllt,
Komm mit deinem Scheine,
Süßes Engelsbild!
Magst du nie dich zeigen
Der bedrängten Welt?
Führest deinen Reigen
Nur am Sternenzelt?
Führest deinen Reigen
Nur am Sternenzelt?

Auch bei grünen Bäumen
In dem luft'gen Wald,
Unter Blütenträumen
Ist dein Aufenthalt.
Ach, das ist ein Leben,
Wenn es weht und klingt,
Wenn dein stilles Weben
Wonnig uns durchdringt!

Wo sich Gottes Flamme
In ein Herz gesenkt,
Das am alten Stamme
Treu und liebend hängt;
Wo sich Männer finden,
Die für Ehr' und Recht
Mutig sich verbinden,
Weilt ein frei Geschlecht.[29]

29 Text von Max von Schenkendorf, 1813: Melodie von Karl August Groos, 1815. (Volks- und Heimatlieder, a. a. O., S. 201.)

Schenkendorf gilt als der bedeutendste Lyriker der Befreiungskriege gegen Napoleon. Sein Bruder Karl fiel 1813 in der Schlacht bei Bautzen, in der Napoleon die Verbündeten Preußen und Russland noch einmal besiegt hatte. Er selbst zog 1813 als Freiwilliger in die Befreiungskriege, obwohl er nicht kriegstauglich war. In der Brigade Röder lernte er eine Reihe von Schriftstellern kennen, darunter Friedrich von der Motte Fouqué. Auch an der Völkerschlacht bei Leipzig nahm Schenkendorf teil. Der Freidenker gehörte verschiedenen Logen an.

Im Volks- und Heimatliederbuch sowie im Volksliederbuch „Bruder Singer" sind nur drei Strophen von „Freiheit, die ich meine" abgedruckt – und das ist gut so! Aber der vollständige Text umfasst 15 Strophen. Zum besseren Verständnis des Zeitgeistes seien hier auch die Strophen 12 und 15 zitiert:

Für die Kirchenhallen,
Für der Väter Gruft,
Für die Liebsten fallen,
Wenn die Freiheit ruft.

Freiheit, holdes Wesen,
Gläubig, kühn und zart,
Hast ja lang erlesen
Dir die deutsche Art.

Max von Schenkendorf hat dem deutschen Vaterland 1814 auch einen Frühlingsgruß entrichtet, der hier erwähnt sei, weil er in den ersten Strophen die deutschen Ströme besingt. Das sind allerdings zum großen Teil andere als die, die Hoffmann von Fallersleben später in seinem Lied an die Deutschen aufzählt. Trotzdem wird Schenkendorf ihn inspiriert haben.

2. Strophe:
Von dem Rheinfall hergegangen,
Komm' ich von der Donau Quell,
Und in mir sind aufgegangen
Liebessterne mild und hell;

Niedersteigen will ich, strahlen
Soll von mir der Freudenschein
In des Neckars frohen Thalen
Und am silberblauen Main.

3. Strophe:
Weiter, weiter musst du dringen,
Du mein deutscher Freiheitsgruß,
Sollst vor meiner Hütte klingen
An dem fernen Memelfluss,
Wo noch deutsche Worte gelten,
Wo die Herzen, stark und weich,
Zu dem Freiheitskampf sich stellten,
Ist auch heil'ges deutsches Reich.

Usw. usw. Wieder sind es die Flüsse, die die Grenzen des Vaterlands markieren: vom Rheinfall bis zur Donau, vom Neckar bis zum Main und schließlich an die Memel. In der 7., der letzten Strophe, ruft Schenkendorf zu Einigkeit und Treue auf:

Ihr in Schlössern, ihr in Städten,
Welche schmücken unser Land,
Ackersmann, der auf den Beeten
Deutsche Frucht in Garben band,
Traute Brüder höret
Meine Worte alt und neu:
Nimmer wird das Reich zerstöret,
Wenn ihr einig seid und treu.

Schenkendorf war auch der Autor des von Groos vertonten Textes: „Wenn alle untreu werden". Dessen erste Strophe lautet:

„Wenn alle untreu werden,
So bleiben wir doch treu:

Dass immer noch auf Erden
Für euch ein Fähnlein sey.
Ihr Lehrer deutscher Jugend,
Ihr Bilder bess're Zeit,
Ihr uns zu Männertugend,
Zum Liebestod geweiht.

Dass die Nationalsozialisten dieses Lied mit der Aufforderung zum „Liebestod" für ihre Durchhalteparolen missbrauchten, verwundert nicht. Aber damit geschah Schenkendorf Unrecht. Er war alles andere als zynisch.

Schenkendorf stand in einer Reihe mit den Freiheitskämpfern, die die politische Einheit erwirken wollten – gegen alle Gegner im Inneren und alle Feinde von außen.

14. Vorschlag: Des Deutschen Vaterland von Ernst Moritz Arndt

Was ist des Deutschen Vaterland?
Ist's Preußenland, ist's Schwabenland?
Ist's, wo am Rhein die Rebe blüht?
O nein, nein, nein!
Sein Vaterland muss größer sein.

Was ist des Deutschen Vaterland?
Ist's Bayerland, ist's Steierland?
Ist's, wo des Marsen Rind sich streckt?
Ist's, wo der Märker Eisen reckt?
O nein, nein, nein!
Sein Vaterland muss größer sein.

Was ist des Deutschen Vaterland?
Ist's Pommerland, Westfalenland?
Ist's, wo der Sand der Dünen weht?

Ist's, wo die Donau brausend geht?
O nein, nein, nein!
Sein Vaterland muss größer sein.

Was ist des Deutschen Vaterland?
So nenne mir das große Land!
Ist's Land der Schweizer, ist's Tirol?
Das Land und Volk gefiel mir wohl;
Doch nein, nein, nein!
Sein Vaterland muss größer sein.

Was ist des Deutschen Vaterland?
So nenne mir das große Land!
So weit die deutsche Zunge klingt
Und Gott im Himmel Lieder singt,
Das soll es sein!
Das, wack'rer Deutscher, nenne dein!

Das ist des Deutschen Vaterland,
Wo Zorn vertilgt den welschen Tand,
Wo jeder Franzmann heißet Feind,
Wo jeder Deutsche heißet Freund –
Das soll es sein!
Das ganze Deutschland soll es sein!

Das ganze Deutschland soll es sein!
O Gott, vom Himmel sieh darein
Und gib uns rechten deutschen Mut,
Dass wir es lieben treu und gut.
Das soll es sein!
Das ganze Deutschland soll es sein![30]

30 Ernst Moritz Arndt, 1813.

Hoffmann von Fallersleben, der Autor unserer Nationalhymne, hat dieses Lied gekannt. Worin er mit Arndt übereinstimmte, war die Überzeugung, dass Deutschland größer sein solle als dessen Teile. Als Kriterium hoben sie die deutsche Sprache hervor. Jedoch teilte Hoffmann nicht Arndts Hass auf Frankreich, wenn er sich auch gegen die Expansionspolitik der Franzosen wehrte. Das Elsass war im 18. Jahrhundert an Frankreich gefallen, und der Wiener Kongress bestätigte diesen Verlust 1814.

Vaterlandslied

Der Gott, der Eisen wachsen ließ,
Der wollte keine Knechte.
Drum gab er Säbel, Schwert und Spieß
Dem Mann in seine Rechte.
Drum gab er ihm den kühnen Mut,
Den Zorn der freien Rede,
Dass er bestände bis aufs Blut,
Bis in den Tod die Fehde.

So wollen wir, was Gott gewollt,
Mit rechten Treuen halten
Und nimmer im Tyrannensold
Die Menschenschädel spalten.
Doch wer für Tand und Schande ficht,
Den hauen wir in Scherben,
Der soll im deutschen Lande nicht
Mit deutschen Männern erben.

O Deutschland, heil'ges Vaterland!
O deutsche Lieb und Treue!
Du holdes Land, du schönes Land,
Wir schwören dir aufs neue!
Dem Buben und dem Knecht die Acht!
Der speise Kräh'n und Raben!

So zieh'n wir aus zur Hermannsschlacht
Und wollen Rache haben.
– *Wagner/Langer, S. 19.*

Text: Ernst Moritz Arndt (1769–1860); Melodie: Johann Albrecht Gottlieb Methfessel (1785–1869), ein Dirigent und Organist, der auch Friedrich Schillers Tochter Emilie im Gesang unterrichtet hat. Das Lied entstand 1812, als Napoleon deutsche Heere zwang, sich an seinem Russlandfeldzug zu beteiligen. Arndt und Methfessel empfanden das als Schande. 1813 komponierte Methfessel sein Freiheitslied „Hinaus in die Ferne“, das ich in den Fünfzigerjahren des 20. Jahrhunderts verballhornt auf einem Klassenausflug kennengelernt habe: „Hinaus in die Ferne/ Mit Butterbrot und Speck!/ Das ess' ich so gerne,/ Das nimmt mir keiner weg!“ Ich hatte damals keine Ahnung von dem historischen Hintergrund des Lieds.

Marschlied

Hinaus in die Ferne mit lautem Hörnerklang,
Die Stimmen erhebet zu männlichem Gesang.
Der Freiheit Hauch lockt kräftig durch die Welt,
Ein freies, frohes Leben uns wohl gefällt.

Wir halten zusammen, wie treue Brüder tun,
Wann Tod uns umtobet und wenn die Waffen ruh'n.
Uns alle treibt ein reiner, freier Sinn,
Nach einem Ziele streben wir alle hin.

Wer wollte wohl zittern vor Tod und Gefahr?
Vor Feigheit und Schande erbleichet die Schar,
Und wer den Tod im heil'gen Kampfe fand,
Ruht aus in fremder Erde im Vaterland.
– *Methfessel*

Vorwärts auf Leben und Sterben!

1813 ist auch das Schicksalsjahr, in dem Karl Theodor Körner das „Trinklied vor der Schlacht“ schrieb:

Schlacht, du brichst an!
Grüßt sie in freudigem Kreise
Laut nach germanischer Weise:
Brüder, heran! Brüder heran!
...
Schlacht ruft: Hinaus!
Hör die Trompeten werben,
Vorwärts auf Leben und Sterben,
Brüder, trinkt aus! Brüder, trinkt aus!

Die Vorlage dafür lieferte Carl Gottlob Cramers „Feinde ringsum!“, das von Ludwig Traugott Gläser vertont worden war:

1. Feinde ringsum, Feinde ringsum!
Um diese zischende Schlange,
Vaterland, ist dir so bange?
Bange warum? Bange warum?

2. Zitt're du nicht, zittre du nicht!
Hörst in unsinnigem Rasen
Du die Trompete sie blasen?
Zitt're du nicht!

8. Mut in der Brust, Mut in der Brust!
Scharf wie der Wind unser Säbel,
Dunkel, die Blicke, wie Nebel,
Krieg, uns're Lust, Krieg, uns're Lust!

9. Vaterland weint, Vaterland weint!
Hörst du? und Vaterlands Tränen
Machen aus Kriegern Hyänen.
Fluch für den Feind, Fluch für den Feind!

10. Köpf in die Höh', Köpf in die Höh!
Stolzer, wir kommen, wir kommen,
Haben schon Abschied genommen,
Tat uns so weh, tat uns so weh!

Das Lied des Forstrats und Schriftstellers Carl Gottlieb Cramer (1758–1817) und des Komponisten Ludwig Traugott Gläser umfasst zwölf Strophen. Cramers Text begeistert heute nicht mehr. Aber Gläsers Melodie hat es nach wie vor in sich.

Das Thema des Bangens und der Freude vor der Schlacht ließ Körner nicht los. Schöner als das martialische Lied von Cramer und Gläser ist sein sechsstrophiges „Gebet vor der Schlacht“:

1. Vater, ich rufe dich!
Brüllend umwölkt mich der Dampf der Geschütze,
Sprühend umzucken mich rasselnde Blitze.
Lenker der Schlachten, ich rufe dich.
Gott, ich erkenne dich!

2. Vater du, führe mich!
Führ' mich zum Sieg, führ' mich zum Tode:
Herr, ich erkenne deine Gebote;
Herr, wie du willst, so führe mich!
Gott, ich erkenne dich!

5. Vater, ich preise dich!
's ist ja kein Kampf für die Güter der Erde:
Das Heiligste schützen wir mit dem Schwerte.

Drum, fallend und siegend, preis ich dich.
Gott, dir ergeb ich mich.[31]

15. Vorschlag: Körners „Frischauf, mein Volk!"

Aus denselben Tagen stammt Körners Gedicht „Frischauf, mein Volk!", das die Bereitschaft zum Opfertod womöglich noch stärker hervorhebt. Daher soll es mein 15. Vorschlag sein:

Frischauf, mein Volk! Die Flammenzeichen rauchen,
Hell aus dem Norden bricht der Freiheit Licht.
Du sollst den Stahl in Feindes Herzen tauchen.
Frischauf, mein Volk, die Flammenzeichen rauchen,
Die Saat ist reif, ihr Schnitter, zaudert nicht!
Das höchste Heil, das letzte, liegt im Schwerte;
Drück dir den Speer ins treue Herz hinein!
Der Freiheit eine Gasse! Wasch die Erde,
Dein deutsches Land mit deinem Blute rein!

Es sind nicht diese Blut- und Bodenlieder, mit denen sich Karl Theodor Körner unsterblich gemacht hat. Sein bekanntestes Gedicht ist das Reiterlied vom Lützowschen Freikorps, den Schwarzen Jägern, ebenfalls aus dem Jahr 1813. Er selbst trat dem Freikorps bei und avancierte zu Lützows Adjutanten. Napoleon persönlich erteilte einem württembergischen General den Auftrag, das Freikorps aufzureiben. Das empfanden die Lützower als Ehre. Bei jeder Gelegenheit stellten sie sich dem Feind – und das waren oft gedungene Deutsche – entgegen. Im Juni 1813 wurde Körner schwer verwundet. In einem Gebüsch versteckt, schrieb er das Sonett:

Die Wunde brennt, die bleichen Lippen beben.
Ich fühl's an meines Herzens mattem Schlage.

31 Karl Theodor Körner: Werke, Bd. 1, Leipzig und Wien 1893, S. 97–98.

Hier steh' ich an den Marken meiner Tage.
Gott, wie du willst, Dir hab' ich mich ergeben.

Körner kam noch einmal davon. Aber wenig später hat er im Morgengrauen des 26. August 1813 sein letztes Lied geschrieben. Es umfasst 16 Strophen:

1. Du Schwert an meiner Linken,
Was soll dein heitres Blinken?
Schaust mich so freundlich an,
Hab meine Freude dran.
Hurra, hurra, hurra!

Körner vergleicht das Schwert mit seiner Braut, mit der er Zwiesprache hält:

3. Ja, gutes Schwert, frei bin ich
Und liebe dich herzinnig,
Als wärst du mir getraut
Als eine liebe Braut.
Hurra, hurra, hurra!

11. So komm denn aus der Scheide,
Du, Reiters Augenweide,
Heraus, mein Schwert, heraus!
Führ' dich ins Vaterhaus.
Hurra, hurra, hurra!

12. Ach, herrlich ist's im Freien,
Im rüst'gen Hochzeitsreihen!
Wie glänzt im Sonnenstrahl
So bräutlich hell der Stahl!
Hurra, hurra, hurra!

14. Erst tat es an den Linken
Nur ganz verstohlen blinken,
Doch an der Rechten traut
Gott sichtbarlich die Braut.
Hurra, hurra, hurra!

16. Nun lasst das Liebchen singen,
Dass helle funken springen!
Der Hochzeitsmorgen graut!
Hurra, du Eisenbraut!
Hurra, hurra, hurra.

Der aufgewühlte Dichter schrieb den Text fast so schnell, wie er ritt. Nur wenige Stunden später traf ihn in der sogenannten Schlacht von Gadebusch (nahe Schwerin) eine Kugel. Sie soll von einem Deutschen gekommen sein. Körners Freunde Helfritz und Friesen trugen den Todwunden unter dem Feuer der Feinde in Deckung. Nach dem Scharmützel fuhren sie ihren Kameraden, den sie mit Blumen und Eichenlaub bekränzt hatten, nach Wöbbelin. wo er unter einer Eiche ruht. Neben ihm seine Schwester, die aus Gram über den Tod des geliebten Bruders starb. Außerdem fand dort sein Vater seinen letzten Ruheort bei seinen Kindern. Theodor Körner fiel einen Monat vor seinem 22. Geburtstag. Man stelle sich vor, wieviel er noch geschrieben hätte, wenn ihm die Zeit dafür vergönnt gewesen wäre!

Was glänzt dort im Walde?

Das schönste Denkmal hat sich Körner selbst seinem Lied von der wilden, verwegenen Jagd gesetzt. Es umfasste sechs Strophen, von denen in der Regel nur die drei typischen gesungen werden:

Was glänzt dort vom Walde?

Was glänzt dort vom Walde im Sonnenschein?
Hör's näher und näher brausen.
Es zieht sich herunter in düsteren Reih'n
Und gellende Hörner erschallen darein
Und erfüllen die Seele mit Grausen.
Und wenn ihr die schwarzen Reiter fragt:
Das ist Lützows wilde, verwegene Jagd,
Das ist Lützows wilde, verwegene Jagd.

Was tobt dort im Tale die laute Schlacht,
Was schlagen die Schwerter zusammen?
Wildherzige Reiter schlagen die Schlacht,
Und der Funke der Freiheit ist glühend erwacht
Und lodert in blutigen Flammen.

Die wilde Jagd und die deutsche Jagd
Auf Henkersblut und Tyrannen.
Drum, die ihr uns liebt, nicht geweint und geklagt;
Das Lied ist ja frei, und der Morgen tagt,
Wenn wir's auch nur sterbend gewannen.
Und von Enkeln zu Enkeln sei's nachgesagt:
Das war Lützows wilde, verwegene Jagd,
Das war Lützows wilde, verwegene Jagd.

Schon 1814, ein Jahr nach Körners frühem Tod, hat Carl Maria von Weber die Verse in leicht veränderter Form vertont.

Hand aufs Herz: Manchmal schmettere auch ich mit meinen Kindern Lieder der Freiheitskämpfer aus voller Brust, besonders gern „Lützows wilde verwegene Jagd". Wir denken dabei nicht an dessen Entstehung. Vielmehr fasziniert uns der Text und Webers rhythmisch-schwungvolle Melodie. Sie reißt nicht nur uns, sondern auch ehrbare Männerchöre hin.

Körner war mit vielen Dichtern und Denkern befreundet. Bei seiner Mutter hatte Goethe das Zeichnen und Radieren gelernt. Sein Vater war Freund und

Förderer Schillers, der eine Zeit lang bei den Körners wohnte. Vater Körner war auch der Erste, der Schillers „Ode an die Freude“ in Töne setzte. Außerdem pflegte Theodor, das junge Genie, engen Kontakt zu Heinrich von Kleist, Novalis sowie Wilhelm und Alexander von Humboldt. Damals war die Welt der Dichter und Denker noch klein – und doch so groß.

Körners Lied über Lützows wilde verwegene Jagd hat Volksliedcharakter erlangt. Aber die Lieder über seine Gefühle vor der Schlacht kennen sie nicht, und doch will uns die Melodie nicht aus den Ohren kommen. Daran ist der Pfarrer Johann Christian Nonne schuld, der am 18. Oktober 1814, dem Jahrestag der Völkerschlacht bei Leipzig, auf Gläsers Melodie der etwa 20 Jahre älteren Weise „Feinde ringsum“ sein Lied „Flamme empor“ schrieb:

1. Strophe:
Flamme empor, flamme empor!
Steige mit loderndem Scheine
Auf den Gebirgen am Rheine
Glühend empor, glühend empor!

3. Strophe:
Heilige Glut, Heilige Glut!
Rufe die Jugend zusammen,
Dass bei den lodernden Flammen
Wachse ihr Mut, wachse ihr Mut!

5. Strophe:
Finstere Nacht, finstere Nacht,
Lag auf Germaniens Gauen.
Da ließ der Herrgott sich schauen,
Der uns bewacht, der uns bewacht.

10. und letzte Strophe:
Höre das Wort, höre das Wort!
Vater, auf Leben und Sterben

Hilf uns die Freiheit erwerben,
Sei unser Hort, sei unser Hort!

Das Lied vom guten Kameraden

Wer an Körner und seine Mitstreiter in des Dichters letztem Kampf, Helfritz und Friesen denkt, wird sich ihnen am besten mit dem „Lied vom guten Kameraden“ nähern, das Ludwig Uhland 1809 in Tübingen dichtete, als badische Truppen unter französischem Befehl aufständische Tiroler hingemetzelt hatten. Uhland pflegte zu beiden Seiten Beziehungen. Der ebenfalls in Tübingen wohnende Komponist Friedrich Silcher hat den Text 1825 kongenial vertont:

Ich hatt' einen Kameraden

Ich hatt' einen Kameraden,
Einen bessern findst du nit.
Die Trommel schlug zum Streite,
Er ging an meiner Seite
In gleichem Schritt und Tritt.

Eine Kugel kam geflogen,
Gilt sie mir oder gilt sie dir?
Ihn hat sie weggerissen,
Er liegt zu meinen Füßen,
Als wär's ein Stück von mir.

Will mir die Hand noch reichen,
Derweil ich eben lad'.
Kann dir die Hand nicht geben,
Bleib du im ew'gen Leben
Mein guter Kamerad![32]

32 Ungerer, S. 197, Strophe zwei in der Fassung der Bundeswehr.

Das Lied hat jeden Missbrauch überlebt. Nicht nur die deutsche Bundeswehr und das österreichische Bundesheer, sondern auch die Streitkräfte anderer Länder rund um den Erdball intonieren es, um ihren Toten die letzte Ehre zu erweisen.

Stolz auf die engere Heimat

Die Zersplitterung des Heiligen Römischen Reichs Deutscher Nation hatte nicht nur Nachteile, sondern auch Vorteile. Man denke nur daran, dass wegen ihres Glaubens Verfolgte oft ins Nachbarland ziehen konnten, was ihre Bereitschaft zu einer offenen Revolution verringerte.

Außerdem wuchs bei denen, die nicht weichen mussten, der Stolz auf die engere Heimat. Das ist bis heute so geblieben. Bei der Wiedervereinigung und der Neugliederung Deutschlands in eine föderale Union haben das Aufblühen der Länder und die föderale Tradition kräftig geholfen. Wer nicht stolz war auf das wiedervereinigte Deutschland, bekannte sich umso hoffnungsvoller zu seinem jeweiligen Bundesland oder zu seinem regionalen oder lokalen Geburtsland bzw. Wohnsitz. Diese Tradition klingt auch in Liedern an:

16. Vorschlag: Deutsch Panier, das rauschend wallt

Joseph Freiherr von Eichendorff (1788–1857) gehörte neben Hoffmann von Fallersleben zu den Dichtern, die am fleißigsten Texte zu Liedern aus allen Lebensbereichen schrieben: etwa 5000. Die meisten sind so wohlgereimt und klingen so melodiös, dass sie auch vertont wurden. Ein Romantiker par excellence! Wer kennt nicht sein Gedicht „Mondnacht", das den Höhepunkt der Romantik markiert:

Es war, als hätt' der Himmel
Die Erde still geküsst,
Dass sie im Blütenschimmer
Von ihm nun träumen müsst!
Die Luft ging durch die Felder,
Die Ähren wogten sacht,
Es rauschten leis' die Wälder,
So sternklar war die Nacht.

Und meine Seele spannte
Weit ihre Fügel aus,
Flog durch die stillen Lande,
Als flöge sie nach Haus.[33]

Weniger bekannt ist, dass Eichendorff auch Texte geschrieben hat, die zwar romantisch klingen, aber einen politischen Hintergrund haben. Wenigstens eines davon verdient es, als typisch romantischer Vorgänger für unsere Nationalhymne gewürdigt zu werden. Ich wähle das Lied „Der Jäger Abschied" aus dem Jahr 1810 aus:

Wer hat dich, du schöner Wald,
Aufgebaut so hoch dort droben?
Wohl den Meister will ich loben,
Solang noch mein Stimm' erschallt.
Lebe wohl,
Lebe wohl, du schöner Wald!

Tief die Welt verworren schallt,
Oben Rehe grasen,
Und wir ziehen fort und blasen,
Dass es tausendfach verhallt:
Lebe wohl,
Lebe wohl, du schöner Wald!

Banner, der so kühle wallt,
Unter deinen grünen Wogen
Hast du treu uns auferzogen,
Frommer Sagen Aufenthalt!
Lebe wohl,
Lebe wohl, du schöner Wald!

33 Text: Joseph von Eichendorff, 1835. Vertont von Robert Schumann und Johannes Brahms.

Was wir still gelobt im Wald,
Wollen's draußen ehrlich halten.
Ewig bleiben treu die Alten:
Deutsch Panier, das rauschend wallt,
Lebe wohl,
Schirm dich Gott, du schöner Wald![34]

Der 1788 im oberschlesischen Lubowitz auf dem Schloss seiner Familie geborene Romantiker hat von 1813 bis 1815 an den Befreiungskriegen gegen Napoleon teilgenommen, zunächst als Lützower Jäger, dann als Leutnant bei der schlesischen Landwehr. Eichendorffs Lied „Wer hat dich, du schöner Wald" klingt ebenso wie seine Hymne „O Täler weit, o Höhen" wie eine Vorahnung davon, dass es jetzt ernst wird mit allen Gelöbnissen von Treue und Einsatz für das Vaterland:

O Täler weit, o Höhen,
O schöner grüner Wald,
Du meiner Lust und Wehen
Andächt'ger Aufenthalt.
Da draußen stets betrogen
Saust die geschäft'ge Welt:
Schlag' einmal noch die Bogen
Um mich, du grünes Zelt.

Wenn es beginnt zu tagen,
Die Erde dampft und blinkt,
Die Vögel lustig schlagen,
Dass mir dein Herz erklingt:
Da mag vergeh'n verwehen
Das trübe Erdenleid;
Da sollst du auferstehen,
Du junge Herrlichkeit.

34 Joseph von Eichendorff, 1810. Felix Mendelssohn-Bartholdy hat das Gedicht 1841 zum Singen für Männerstimmen arrangiert.

Da steht im Wald geschrieben
Ein stilles, ernstes Wort
Vom rechten Tun und Lieben
Und was des Menschen Hort.
Ich habe treu gelesen
Die Worte schlicht und wahr,
Und durch mein ganzes Wesen
Ward's unaussprechlich klar.

Bald werd ich dich verlassen,
Fremd in die Fremde geh'n,
Auf buntbewegten Gassen
Des Lebens Schauspiel seh'n;
Und mitten in dem Leben
Wird deines Ernsts Gewalt
Mich Einsamen erheben,
So wird mein Herz nicht alt.[35]

1813 hat Eichendorff die Romanze vom zerbrochenen Ringlein veröffentlicht, die mit dem Satz „In einem kühlen Grunde, da geht ein Mühlenrad" beginnt. Ohne Zweifel ein Liebeslied! Aber die Strophe 4 lautet: „Ich möcht' als Reiter fliegen/ Wohl in die blut'ge Schlacht,/ Um stille Feuer liegen,/Im Feld bei dunkler Nacht." Und in der Tat haben Freiheits- und Liebeslieder viel miteinander zu tun: In den Freiheitsliedern geht es um das geliebte Vaterland, das ein anderer (Napoleon) an sich reißen will, in Liebesliedern um die geliebte Frau, die ein anderer vereinnahmt.

35 Joseph Freiherr von Eichendorff, 1810. Felix Mendelssohn-Bartholdy (1809–1847) hat 1843 die Melodie dazu komponiert.

Trost

Nach wechselvollem Kriegsverlauf wurde Napoleon im Oktober 1813 in der Völkerschlacht bei Leipzig geschlagen. Aber die Hoffnung auf ein geeintes Deutschland erfüllte sich nicht. Auch dafür wusste Joseph von Eichendorff Trost:

Es haben viel Dichter gesungen
Im schönen deutschen Land,
Nun sind ihre Lieder verklungen,
Die Sänger ruhen im Sand.

Aber solange noch kreisen
Die Stern' um die Erde rund,
Tun Herzen in neuen Weisen
Die alte Schönheit kund.

Im Walde, da liegt verfallen
Der alten Helden Haus.
Doch aus den Toren und Hallen
Bricht jährlich der Frühling aus.

Und wo immer müde Fechter
Sinken im mutigen Strauß,
Es kommen frische Geschlechter
Und fechten es ehrlich aus.

Eichendorff (1788–1857) gehörte wie Hoffmann von Fallersleben (1798–1874) wie Schenkendorf (1783–1817), Ludwig Uhland (1787–1862), Achim von Arnim (1781–1831), Clemens von Brentano (1778–1842) und Wilhelm Hauff (1802–1827) zur Generation der romantischen Freiheitssänger, die, wie schon Friedrich Schiller eine Generation vorher, bereit waren, für das Wohl von Volk und Vaterland ihr Leben zu lassen: Und setzet ihr nicht das Leben ein, nie wird euch das Leben gewonnen sein, mahnte Schiller. Wer dem Dichter gerecht werden will, sollte ihn nach den Maßstäben seiner Zeit beurteilen, die nicht unsere sein müssen.

Eichendorff kehrte immer wieder auf das Schloss seiner Familie zurück. Als ich dort (noch vor der Wiedervereinigung) war, habe ich davon nur noch eine Ruine vorgefunden. Der stolze Bau war den Wirren des Zweiten Weltkriegs zum Opfer gefallen. 1999 wurde das Oberschlesische Eichendorff-Kultur- und Begegnungszentrum gegründet, in dem Polen und Deutsche das Andenken an Eichendorff pflegen. Thomas Gottschalk, dessen Vater in der Nähe, nämlich in Oppeln, geboren wurde, gehört zu den Spendern, die Schulungsräume und Gästezimmer unterhalten.

REGIONALE HEIMATLIEDER

Schlesien

Anfang des 19. Jahrhunderts entstanden in einzelnen Ländern und Gauen Lieder, die nicht dem jeweiligen Fürsten huldigten, sondern Land und Leute priesen. Einige von ihnen wurden nicht nur in der engeren Heimat gesungen, sondern in allen deutschen Landen. Für Schlesien, insbesondere für Oberschlesien, stehen Eichendorffs Evergreens „Wer hat dich, du schöner Wald“ und „O Täler weit, o Höhen“. Allerdings firmieren sie nicht als Schlesierlied. Diesen Ehrentitel führt vielmehr ein überregional weniger bekanntes schlichtes Liebeslied, das auch der Liebe zur Heimat Ausdruck verleiht. Und natürlich ist es die Eiche, unter der der scheidende Bräutigam die Auserwählte küsst. Autor und Komponist des Lieds sind unbekannt:

Kehr ich einst zur Heimat wieder
Früh am Morgen, wenn die Sonn’ aufgeht,
Schau ich dann ins Tal hernieder,
Wo vor einer Tür ein Mädchen steht.

Refrain:
Da seufzt sie still und flüstert leise:
Mein Schlesierland, mein Heimatland!
So von Natur, Natur in alter Weise,
Wir seh’n uns wieder, mein Schlesierland.
Wir seh’n uns wieder am Oderstrand.

In dem Schatten einer Eiche
Ja, da gab ich ihr den Abschiedskuss.
Schatz, ich kann nicht bei dir bleiben,
Weil, ja weil ich von dir scheiden muss.

Refrain.

Liebes Mädchen, lass das Weinen,
Liebes Mädchen, lass das Weinen sein!
Wenn die Rosen wieder blühen,
Ja, dann kehr' ich wieder bei dir ein.

Refrain

Gesellen mussten den Ranzen schnüren und in der Ferne Erfahrungen sammeln. Darüber gibt es viele Lieder, auch aus anderen Regionen. Mit Politik hat das nichts zu tun.

Riesengebirge

Viel politischer ist das Rübezahllied aus dem Riesengebirge:

Hohe Tannen uns weisen die Sterne

Hohe Tannen uns weisen die Sterne
An der Iser wildschäumender Flut.
Liegt das Lager auch in weiter Ferne,
Doch du Rübezahl hütest es gut.

Hast dich uns zu eigen gegeben,
Der die Märchen und Sagen erspinnt
Und im tiefen Waldesleben
Die Gestalt eines Riesen annimmt.

Komm' zu uns an das lodernde Feuer,
In die Berge bei stürmischer Nacht!
Schirm die Zelte, die Heimat, die teure,
Komm' und halte mit uns treue Wacht!

Höre Rübezahl, was wir dir sagen:
Volk und Heimat, die sind nicht mehr frei.
Schwing die Keule wie in alten Tagen,
Schlage Hader und Zwietracht entzwei!

Autor und Komponist unbekannt. Hoffmann von Fallersleben und Ernst Richter haben das Lied 1842 in ihrer Sammlung „Schlesische Volkslieder mit Melodien" veröffentlicht.

Hader und Zwietracht – das war das Letzte, was die Freiheitskämpfer damals gebrauchen konnten! Volk und Heimat – ein Pluraletantum. Es gab ja noch gar nicht, was man sich so innig ersehnte: die Freiheit nicht und das Vaterland auch nicht. Umso öfter war die Rede davon. Und von der Notwendigkeit, endlich zusammenzustehen wie ein Mann. Die Melodie macht das Rübezahllied zu einem Ohrwurm. Keine Autofahrt, auf der meine Kinder und ich es nicht anstimmen.

Tirol

Aus dem Jahr 1809 stammt auch das Lied „Zu Mantua in Banden“, das die Hinrichtung des Tiroler Volkshelden Andreas Hofer beklagt.

Andreas Hofer (1767–1819) war Gastwirt (Sandwirt) und Anführer des Tiroler Volksaufstands. Auf persönlichen Befehl Napoleons hingerichtet, rüttelte seine Exekution die nach Freiheit Fiebernden in ganz Deutschland auf. Der Kantor und Schulmeister Julius Mosen (eigentlich Julius Moses) aus Marieney im Vogtland, Sachsen, schrieb den Text zum Andreas-Hofer-Lied, den der Komponist Leopold Knebelsberger 1844 vertonte:

Zu Mantua in Banden

Zu Mantua in Banden der treue Hofer war,
In Mantua zum Tode führt ihn der Feinde Schar.
Es blutete der Brüder Herz,
Ganz Deutschland, ach, in Schmach und Schmerz,
Mit ihm das Land Tirol, mit ihm das Land Tirol.

Die Hände auf dem Rücken, der Sandwirt Hofer ging,
Mit ruhig festen Schritten, ihm schien der Tod gering.
Der Tod, den er so manchesmal
Vom Iselberg geschickt ins Tal,
Im heil’gen Land Tirol.

Doch als aus Kerkergittern im festen Mantua
Die treuen Waffenbrüder die Händ’ er strecken sah,
Da rief er laut: „Gott sei mit euch,
Mit dem verrat’nen Deutschen Reich,
Und mit dem Land Tirol.

Dem Tambour will der Wirbel nicht unterm Schlegel vor,
Als nun der Sandwirt Hofer schritt durch das finst're Tor.
Der Sandwirt, noch in Banden frei,
Dort stand er fest auf der Bastei,
Der Mann vom Land Tirol.

Dort sollt' er niederknien, er sprach: „Das tu ich nit!
Will sterben, wie ich stehe, will sterben, wie ich stritt!
So wie ich steh auf dieser Schanz'
Es leb' mein guter Kaiser Franz,
Mit ihm das Land Tirol!"

Und von der Hand die Binde nimmt ihm der Korporal;
Und Sandwirt Hofer betet allhier zum letztenmal;
Dann ruft er: „Nun, so trefft mich recht!
Gebt Feuer! Ach, wie schießt ihr schlecht!
Ade, mein Land Tirol!"

1948 ist das Lied „Zu Mantua in Banden" per Gesetz zur Tiroler Landeshymne erhoben worden.

Vogtland

Das Vogtland, gelegen im Grenzland zwischen Bayern, Sachsen, Thüringen und Böhmen, gehört heute zu Tschechien. Das Vogtlandlied ist typisch für Lieder, die das Land der Väter preisen und die Sehnsucht nach der alten Heimat ausdrücken:

1. Dort, wu dorchs Land de Elster fließt,
Dort sei mir her, ihr Leit,
Mei Vugtland, sei vielmols gegrüßt,
Du bist mei Stolz, mei Freid!

Refrain:
Mei Vugtland is doch wunnerschie,
Es tut doch nischt übers Vugtland gieh,
Mei Vugtland is doch wunnerschie,
Es tut nischt übers Vugtland gieh.

5. Vugtlänner hamm a waachs Gemüt,
Vugtlänner, die sa gut,
Se singe gern e fröhlichs Lied,
Ja, dös is lustig Blut.

6. O Vugtland, du mei Heematland,
Wie hoch iech süe diech gern,
Dir will ich stets verbunnen sei,
Dich grüß ich as dr Fern.

Schleswig-Holstein

Wanke nicht, mein Vaterland!

Die Schleswig-Holstein-Hymne wurde im Juli 1844 beim Schleswiger Sängerfest vorgestellt. Vorbild für solche Zusammenkünfte unter dem scheinbar unschuldigen Motto des Gedenkens an Dichter und Denker waren das Wartburgfest (1817) und das Hambacher Fest (1832) Die Melodie der Schleswig-Holstein-Hymne stammt von Carl Gottlieb Bellmann (1772–1862), dem Kantor des Johannisklosters vor Schleswig. Der Text wurde mehrmals umgeschrieben, zuletzt vom Schleswiger Advokaten Matthäus Friedrich Chemnitz (1815–1870).

1. Schleswig-Holstein, meerumschlungen,
Deutscher Sitte hohe Wacht!
Wahre treu, was schwer errungen,
Bis ein schön'rer Morgen tagt.

Refrain:
Schleswig-Holstein, stammverwandt,
Wanke nicht, mein Vaterland!

2. Ob auch wild die Brandung tose,
Flut auf Flut von Bai zu Bai:
O, lass blüh'n in deinem Schoße
deutsche Tugend, deutsche Treu'.

Refrain:
Schleswig-Holstein, stammverwandt,
Bleibe treu, mein Vaterland!

3. Doch wenn inn're Stürme wüten,
Drohend sich der Nord erhebt,
Schütze Gott die holden Blüten,
Die ein milder Süd belebt.

Refrain:
Schleswig-Holstein, stammverwandt,
Stehe fest, mein Vaterland!

4. Gott ist stark auch in den Schwachen,
Wenn sie gläubig ihm vertrau'n;
Zage nimmer, Und dein Nachen
Wird trotz Sturm den Hafen schau'n.

Refrain:
Schleswig-Holstein, stammverwandt,
Harre aus, mein Vaterland!

5. Von der Woge, die sich bäumet
Längs dem Belt am Ostseestrand,
Bis zur Flut, die ruh'los schäumet
An der Düne flücht'gem Sand:

Refrain:
Schleswig-Holstein, stammverwandt,
Stehe fest, mein Vaterland!

6. Und wo an des Landes Marken
Sinnend blinkt die Königsau,
Und wo rauschend stolze Barken
Elbwärts zieh'n zum Holstengau:

Refrain:
Schleswig-Holstein, stammverwandt,
Bleibe treu, mein Vaterland!

7. Teures Land, du Doppeleiche,
Unter einer Krone Dach,
Stehe fest und nimmer weiche,
Wie der Feind auch dräuen mag:
Refrain:
Schleswig-Holstein, stammverwandt,
Wanke nicht, mein Vaterland!

Op ewich ungedeelt

Der Refrain mit seinem immer wiederkehrenden Attribut „stammverwandt“ und die Doppeleiche in der 7. Strophe spielen auf die Ripener Urkunde von 1460 an, in der die Selbstständigkeit Schleswigs und Holsteins gegenüber dem König von Dänemark verankert und die Zusammengehörigkeit der beiden Landesteile bestätigt wurde: „Dat se bliven ewich tosamde ungedeelt: Dass sie ewig ungeteilt zusammenbleiben. Trotzdem kam es bereits 1490 zu einer ersten Aufteilung zwischen den Söhnen des dänischen Königs Christians I., was 350 Jahre lang zu immer wieder wechselnden Grenzen und auch zu Kriegen führte. Der Letzte unter der Regie Otto von Bismarcks leitete die deutsche Einigung ein.

Wir haben das Lied in der Schule gesungen, ob in Wesselburen, in Heide/ Holstein oder in Neumünster. Aber lieber war mir das plattdeutsche Heimatlied von den hohen Deichen und den im Sturmgebraus schreienden Möwen, auch das „Fresenleed“ genannt:

Fresenleed

Wo de Nordseewellen spölen an den Strand,
Wo de hogen Dieken gröt in't gröne Land,
Wo de Möwen schriegen gell in't Stormgebrus,
Dor is mine Heimat, dor bün ich to Hus.
Wo de Möwen schriegen gell in' Stormgebrus,
Dor is mine Heimat, dor bün ick to Hus.

Well- un Wogenruschen weern min Wegenleed
Un de hogen Diken weern min Kinnertied,
Allens is verswunnen, wat dor lach und leew,
Heff dat Glück wol funnen,
Doch dat Heimweh bleew.

Heimweh na dat schöne gröne Marschenland,
Wo de hogen Dieken göt in't gröne Land,
Wo de Möwen schriegen gell in't Stormgebrus,
Dor is mine Heimat, dor bün ick to Hus.

Wenn ich das Lied singen höre, kommen mir die Tränen, nicht nur wegen des Inhalts, sondern auch wegen der emotionalen plattdeutschen Sprache. Aber auch auf Hochdeutsch hat das Lied Karriere gemacht und von Lale Andersen über Hans Albers und Heidi Kabel bis zu Freddy Quinn und Heino volkstümliche Interpreten gefunden.

Für Hochdeutsche:

Wo die Nordseewellen spülen an den Strand,
Wo die gelben Blumen blüh'n ins grüne Land,
Wo die Möwen schreien schrill im Sturmgebraus,
Da ist meine Heimat, da bin ich zu Haus.

Well'n und Wogen sangen mir mein Wiegenlied,
Hohe Deiche war'n mein Spielgebiet,
Merkten auch mein Sehnen und mein heiß' Begehr

Durch die Welt zu fliegen, über Land und Meer.
Alles ist verschwunden, was mir leid und lieb,
Hab mein Glück gefunden, doch das Heimweh blieb.

Heimweh nach dem grünen Marschenland,
Wo die Nordseewellen spülen an den Strand,
Wo die Möwen schreien schrill im Sturmgebraus,
Da ist meine Heimat, da bin ich zu Haus.

Was ich nicht wusste, ist, dass wir Plattdeutschen von der Nordseeküste das Lied den Mecklenburgern von der Ostseeküste geklaut haben. Man höre und staune:

Mine Heimat

Wo de Ostseewellen trecken an den Strand,
Wo de geele Ginster bleuht in' Dünensand,
Wo de Möwen schriegen grell mit Stormgebrus,
Dor is mine Heimat, dor bün ick tau Hus.

Well- un Wogenruschen wiern min Weigenlied,
Un de hogen Dünen seg'n min Kinnertied,
Seg'n uck mine Sähnsucht un min hart Begehr
In de Welt tau fleigen öwer Land un Meer.

Woll hett mi dat Läwen dit Verlangen stillt,
Hett mi alles gäwen, wat min Hart erfüllt,
Allens is verswunnen, wat mi quält un drew,
Häw nu Fräden funnen, doch de Sähnsucht blew.

Sähnsucht nah dat lütte, stille Inselland,
Wo de Wellen trecken an den witten Sand,
Wo de Möwen schriegen gell in't Stormgebrus;
Denn dor is min Heimat, dor bün ick tau Hus![36]

36 Text: Martha Müller-Grählert (1876–1939), Melodie: Simon Krannig. Die Dichterin schrieb das Sehnsuchtslied an ihre Heimat Zingst in vorpommernschem Platt. Damals (1907) weilte sie im fernen Berlin. Unser Heimatlied „Wo de Nordseewellen trecken an den Strand" ist also geklaut.

Husum

Du graue Stadt am Meer

Am grauen Strand, am grauen Meer
Und seitab liegt die Stadt;
Der Nebel drückt die Dächer schwer,
Und durch die Stille rauscht das Meer
Eintönig um die Stadt.

Es rauscht kein Wald, es schlägt im Mai
Kein Vogel ohn' Unterlass;
Die Wandergans mit hartem Schrei
Nur fliegt in Herbstesnacht vorbei,
Am Strande weht das Gras.

Doch hängt mein ganzes Herz an dir,
Du graue Stadt am Meer;
Der Jugend Zauber für und für
Ruht lächelnd doch auf dir, auf dir,
Du graue Stadt am Meer.

Theodor Storm (1817–1888) hat die Ode an seine Geburtsstadt Husum 1858 gedichtet. Der Jurist und Schriftsteller hatte auf Wunsch seines Freundes Theodor Mommsen Berichte über die Schleswig-Holsteinische Erhebung geschrieben, weshalb ihm die dänischen Behörden die Berufserlaubnis entzogen. Deshalb zog er hinaus in die Ferne und kam erst 1864 nach Husum zurück, wo er das Amt des Landvogts annahm. Sein Preislied auf die Stadt am grauen Strand ist also in der Fremde geschrieben worden.

Ostpreußen

Ostpreußen hoch, wie bist du schön!
Sie sagen all', du bist nicht schön,
Mein trautes Heimatland;
Du trägst nicht stolze Bergeshöh'n,
Nicht rebengrün' Gewand.
In deinen Lüften rauscht kein Aar,
Es rauscht kein Palmenbaum,
Doch glänzt der Vorzeit Träne klar
An deiner Küste Saum.

Und wenn ich träumend oft durchgeh'
Die düst're Tannennacht
Und hoch die mächt'gen Eichen seh'
In königlicher Pracht,
Wenn rings erschallt am Memelstrand
Der Nachtigallen Lied
Und ob dem fernen Dünensand
Die weiße Möwe zieht:

Dann überkommt mich solche Lust,
Dass ich's nicht sagen kann,
Ich sing ein Lied aus voller Brust,
Schlag' froh die Saiten an.
Und trägst du auch nur schlicht' Gewand
Und keine stolzen Höh'n:
Ostpreußen hoch, mein Heimatland,
Wie bist du wunderschön!

Die Lyrikerin Johanna Ambrosius (1854–1939) hat das Gedicht Mein Heimatland, in dessen Lüften kein Aar rauscht, 1884 verfasst. Sie wird Theodor

Storms Gedicht über die graue Stadt am Meer, in der im Mai kein Vogel ohn' Unterlass schlägt, gekannt haben. Es wäre schade, wenn Johanna Ambrosius' Weise vergessen würde, weil das Sehnsuchtslied „Land der dunklen Wälder" sie als Ostpreußenhymne abgelöst hat.

Ostpreußenlied
Land der dunklen Wälder
Und kristall'nen Seen,
Über weite Felder
Lichte Wunder geh'n.

Starke Bauern schreiten
Hinter Schwert und Pflug.
Über Ackerbreiten
Streicht der Vogelzug.

Tag ist aufgegangen
Über Haff und Moor,
Licht hat angefangen,
Steigt im Ost' empor.

Und die Meere rauschen
Den Choral der Zeit,
Elche steh'n und lauschen
In die Ewigkeit.

Anfang der 1930er Jahre setzte der Königsberger Komponist Herbert Brust (1900–1968) das Oratorium Ostpreußenland in Töne. Den vierstrophigen Schlusschoral dichtete der seit 1945 in Ostpreußen verschollene Königsberger Schriftsteller Erich Hannighofer, der mit Agnes Miegel, Ernst Wiechert und Walter Scheffler befreundet war.

Brandenburg

Steige hoch, du roter Adler

1. Märkische Heide, märkischer Sand
Sind des Märkers Freude,
Sind sein Heimatland.

Refrain:
Steige hoch, du roter Adler,
Hoch über Sumpf und Land,
Hoch über dunkle Kiefernwälder,
Heil dir, mein Brandenburger Land!

2. Uralte Eichen, dunkler Buchenhain,
Grünende Birken
Steh'n am Wiesenrain.

Refrain

3. Blauende Seen, Wiesen und Moor,
Liebliche Täler,
Schwankendes Rohr.

Refrain

4. Knorrige Kiefern im Abendrot
Sah'n wohl frohe Zeiten,
Sah'n auch märk'sche Not.

Refrain

5. Bürger und Bauern von märk'schem Geschlecht
Hielten stets zur Heimat
In märk'scher Treue fest.

Refrain

6. Heil Brandenburg, alle Wege –
Sei unser Losungswort!
Dem Vaterland in Treue
In alle Zeiten fort.

Refrain

Der Wandervogel Gustav Büchsenschütz (1902–1996) hat die Brandenburg-Hymne nach eigenen Angaben an Christi Himmelfahrt im Mai 1923 gedichtet und komponiert. Aus anderer Quelle wird verlautet, der Text sei von einer Jugendgruppe des Bismarckbunds gemeinsam gedichtet worden. Büchsenschütz habe nur die Melodie beigesteuert. Wie auch immer: Das Lied machte Karriere. Nach der Wiedervereinigung wurde es im Oktober 1990 bei der konstituierenden Sitzung des ersten brandenburgischen Landtags gesungen. Weitere Ehren wurden ihm nicht vergönnt, weil die Nationalsozialisten es missbraucht hatten.

Preußen

Preußenlied

Ich bin ein Preuße, kennt ihr meine Farben?
Die Fahne schwebt mir weiß und schwarz voran.
Dass für die Freiheit meine Väter starben,
Das deuten, merkt es, meine Farben an.
Nie werd' ich bang verzagen;
Wie jene will ich's wagen,
Sei's trüber Tag, sei's heit'rer Sonnenschein:
Ich bin ein Preuße, will ein Preuße sein.

Mit Lieb und Treue nah ich mich dem Throne,
Von welchem mild zu mir ein Vater spricht;
Und wie ein Vater treu mit seinem Sohne,
So steh ich treu mit ihm und wanke nicht:
Ich bin ein Preuße, will ein Preuße sein.

Der Lehrer Bernhard Thiersch (1793–1855) schrieb 1830 den Text unter dem Titel „Preußens Vaterland" zum Geburtstag des preußischen Königs Wilhelm III. (1770–1840, seit 1797 König); die heute bekannte Melodie komponierte der (spätere) Musikdirektor des zweiten Garde-Grenadier-Regiments, August Neithardt, 1832.

Bernhard Thiersch traf den rechten Ton, wenn er dem König als Vater des Vaterlands huldigte. Noch beliebter als Wilhelm III. selbst war nur seine Ehefrau Luise von Mecklenburg-Strelitz. Nach der schweren Niederlage gegen Napoleon in der Schlacht von Jena und Auerstedt (1806) läutete der König die Preußischen Reformen ein. In ganz Deutschland waren die Freigeister des Lobes voll auf die preußische „Revolution von oben" und deren Regisseure: Karl Freiherr vom Stein und Karl August von Hardenberg leiteten die Befreiung der Bauern, die Gleichstellung der Bürger in selbstverwalteten Städten, die Gewerbefreiheit sowie die Gleichstellung der Juden ein. Für die Bildungspolitik zeichnete sich Wilhelm von

Humboldt verantwortlich: allgemeine Schulpflicht u.a., für die Heeresreform Gerhardt von Scharnhorst, August Neidhardt von Gneisenau und Hermann von Boyen: allgemeine Wehrpflicht. Die Neuerungen schufen die Voraussetzungen für die Befreiungskriege von 1813 bis 1815 und für die Märzrevolution von 1848/49. Da fiel es leicht zu singen: Ich bin ein Preuße, will ein Preuße sein.

Dem Bürger auf dem Throne folgte Friedrich Wilhelm IV. An ihn knüpften sich hohe Erwartungen, die er auch im ersten halben Jahr seiner Regentschaft erfüllte. Die in Göttingen entlassenen Brüder Grimm wurden auf Einladung des Königs an die Königlich-Preußische Akademie der Wissenschaften berufen; Alexander von Humboldt stieg in den Staatsrat auf. Diese und weitere Zugeständnisse ließen die Liberalen übersehen, dass der König keineswegs einer der ihren war. Nach und nach führte er wieder ein absolutistisches Regiment ein und beteiligte sich an der Niederschlagung von Erhebungen im Königreich Sachsen, im Großherzogtum Baden und in der Pfalz. Die ihm von der Frankfurter Nationalversammlung angetragene Kaiserkrone lehnte er ab, weil er nicht Kaiser „von Volkes Gnaden" sein wollte. Vielmehr sah er sich als absolutistischen König „von Gottesgnaden" an.

Als im März 1848 in Berlin die Barrikadenkämpfe ausbrachen, befahl Friedrich Wilhelm IV. seiner Garde, sich aus Berlin zurückzuziehen. Darüber waren nicht nur die bürgerlichen Freiheitskämpfer, sondern auch die Garde, die sich mit den Freiheitskämpfern verbrüdert hatte, bitter enttäuscht. Die Umdichtung des Preußenlieds zeugt von der Desillusionierung:

Schwarz, Rot und Gold glüht nun im Sonnenlichte,
Der schwarze Adler sinkt herab entweiht.
Hier endet, Zollern, deines Ruhms Geschichte,
Hier fiel ein König, aber nicht im Streit.
Wir sehen nicht mehr gerne
Nach dem gefall'nen Sterne.
Was du hier tatest, Fürst, wird dich gereu'n,/
So treu wird keiner wie die Preußen sein![37]

37 Siehe Otto von Bismarck: Gedanken und Erinnerungen. Stuttgart, Berlin 1928: Verlag Cotta, S. 68 f.

An den Preußenliedern lässt sich ablesen, dass es vier Sorten von Hymnen auf die Heimat gab:

1. Die Fürstenhymnen.
Heil dir im Siegerkranz, Herrscher des Vaterlands,
Heil Kaiser dir!

2. Die unpolitischen regionalen Heimatlieder.
Ostpreußenlied: Sie sagen all', du bist so schön sowie
das Sehnsuchtslied Land der dunklen Wälder.

3. Die regionalen Heimatlieder mit politischem Bekenntnis.
Brandenburglied: Märkische Heide, märkischer Sand;
Preußenlied: Ich bin ein Preuße, will ein Preuße sein.

4. Die demokratischen Heimatlieder.
Das Preußenlied war eine Zeit lang, aber nur eine Zeit lang, nämlich solange der König Dirigent demokratischer Reformen war, auch ein demokratisches Heimatlied.

Schwarz-Weiß waren Preußens Farben. Thiersch wusste, dass die Farben der Demokratie Schwarz-Rot-Gold waren. Nach der Niederschlagung der Revolution 1848/49 dichtete Hoffmann von Fallersleben seine „Deutsche Farbenlehre". Schwarz-Rot-Gold sind die Farben der Demokratie. Sie sind es bis heute.

Bayern

Bayernhymne

Gott mit dir, du Land der Bayern,
Deutsche Erde, Vaterland!
Über deinen weiten Gauen
Ruhe seine Segenshand!
Er behüte deine Fluren,
Schirme deiner Städte Bau
Und erhalte dir die Farben
Seines Himmels: weiß und blau!

Gott mit dir, dem Bayernvolke,
Dass wir, uns're Väter wert,
Fest in Eintracht und in Frieden
Bauen uns'res Glückes Herd!
Dass mit Deutschlands Bruderstämmen
Einig uns ein jeder schau,
Und den alten Ruhm bewähre
Unser Banner: weiß und blau.

Der Text stammt von Michael Öchsner und die Melodie von Konrad Max Kunz. Beide waren Mitglieder der Bürger-Sänger-Zunft München, die das Lied im Dezember 1860 zum ersten Mal vortrug. Von allen Textvarianten hat sich ihre durchgesetzt. Sie wurde bald zum Volkslied und genießt im Gegensatz zu manch anderem Regionallied den Schutz von § 90 a STGB (Verunglimpfung des Staats und seiner Symbole).

Baden

Das Heckerlied

Friedrich Hecker (1811–1881) war Rechtsanwalt, Politiker und radikaldemokratischer Revolutionär. Er gehörte 1848/49 zu den auch überregional bekannten, führenden Freiheitskämpfern. Seinen Versuch, mit Gesinnungsfreunden die großherzogliche Regierung in Karlsruhe abzusetzen, verhinderten preußische und hessische Truppen. Nach dem gescheiterten Aufstand flüchteten die meisten Rebellen in die Schweiz. Hecker wanderte in die USA aus, wo er während des Sezessionskriegs (1861–1865) als Offizier eines deutschen Freiwilligen-Regiments in der Armee der Nordstaaten kämpfte. An ihn erinnert das Heckerlied, das es an blutrünstigem Tyrannenhass mit der Marseillaise aufnehmen kann:

1. Wenn die Leute fragen:
Lebt der Hecker noch?
Könnt ihr ihnen sagen:
Ja, er lebet noch.

Refrain:
Er hängt an keinem Baume,
Er hängt an keinem Strick.
Er hängt nur an dem Traume
der deutschen Republik.

2. Fürstenblut muss fließen
Knüppelhageldick!
Daraus soll ersprießen
Die freie Republik.

Refrain:

3. Ja, dreiunddreißig Jahre
Währt die Knechtschaft schon.
Nieder mit den Hunden
von der Reaktion!

Refrain

4. Schmiert die Guillotine
Mit Tyrannenfett!
Schmeißt die Konkubine
Aus des Fürsten Bett!

5. Ja, dreiunddreißig Jahre …

Refrain[38]

Badner Lied

An diesen revolutionären Furor reicht das halboffizielle Badner Lied nicht heran. Vielmehr sucht es den Ausgleich zwischen Bauer, Edelmann und Militär:

> Das schönste Land in deutschen Gau'n,
> Das ist mein Badner Land.
> Es ist so herrlich anzuschaun
> und ruht in Gottes Hand.

38 Alexander Lipping und Björn Grabendorff: 1848 – Der Deutsche macht in Güte die Revolution. Lieder und Texte. Frankfurt: Fischer Taschenbuch 2978, 1982, S. 100–109.

Refrain:
Drum grüß ich dich, mein Badner Land,
Du edle Perl' im deutschen Land, deutschen Land.
Frisch auf, frisch auf, frisch auf, frisch auf,
Frisch auf, frisch auf, mein Badner Land!

Zu Karlsruh ist die Residenz,
In Mannheim die Fabrik,
In Rastatt ist die Festung,
Und das ist Badens Glück.

Refrain

Zu Haßlach gräbt man Silbererz,
Bei Freiburg wächst der Wein,
Im Schwazwald schöne Mädchen,
Ein Badner möcht' ich sein

Refrain

Alt Heidelberg, du feine,
Du Stadt an Ehren reich,
Am Neckar und am Rheine,
Kein' and're kommt dir gleich.

Refrain

Der Bauer und der Edelmann,
Das stolze Militär,
Die schau'n einander freundlich an,
Und das ist Badens Ehr.

Refrain

Der Text wirkt wie ein aus Bruchstücken zusammengesetztes Quodlibet. Anhaltspunkt für die Datierung bilden die Passagen über die Festung Rastatt, mit deren Bau 1842/43 begonnen wurde. Sie spielte in der Revolution 1848/49 eine Rolle, weil badisches Militär der Festungsgarnison 1849 meuterte und sich gemeinsam mit der Bürgerwehr der demokratisch gewählten Regierung unterstellte. (Franz Schüssele und Waltraud Linder-Beroud: Das Badner Lied. Geschichte und Geschichten. Tübingen: Silberburg-Verlag, 2012.)

Alt Heidelberg, du feine

Die 4. Strophe des Badner Lieds zitiert einen Absatz aus Joseph Victor von Scheffels Lied „Alt Heidelberg, du feine". Es stammt aus seinem Erstlingswerk „Der Trompeter von Säkkingen", 1854.

Alt Heidelberg, du feine,
Du Stadt an Ehren reich,
Am Neckar und am Rheine,
Kein and're kommt dir gleich.
Stadt fröhlicher Gesellen,
An Weisheit schwer und Wein,
Klar zieh'n des Stromes Wellen,
Blauäuglein blitzen drein.

Und kommt aus lindem Süden
Der Frühling übers Land,
So webt er dir aus Blüten
Ein schimmernd Brautgewand.
Auch mir stehst du geschrieben
Ins Herz gleich einer Braut,
Es klingt wie junges Lieben,
Dein Name mir so traut.

Alt Heidelberg, du feine,
Du Stadt an Ehren reich,
Am Neckar und am Rheine,
Kein and're kommt dir gleich.
Und stechen mich die Dornen
Und wird mir's da zu kalt,
Geb ich dem Ross die Sporen
Und treib's ins Neckartal.

Victor von Scheffel schrieb über seine Teilnahme an der Revolution 1848/49, er habe zornvoll schon die Faust erhoben; aber der Faustschlag sei, so wie die deutsche Einheit und manch anderes, nur ein schön gedachtes Projekt geblieben.

Wer heit als Badner lewe will

Und da gibt es ja auch noch das liebenswürdige „E anners Badner Lied" (1998), das nach der Melodie „Wer jetzig Zeiten leben will" gesungen wird. Hier seien daraus die ersten beiden Strophen zitiert:

Wer heit als Badner lewe will,
Muss haben'n tapfer Herze.
Er hat der argen Feind so viel,
Bereitet uns groß Schmerze.
Un badisch sei, das heißt halt mol
Viel Toleranz zu erwe;
Zu Heckers Zeit war'n Badner Leit
Bereit, defor zu schderwe!

Als Badener do brauchsch di net
Un niemols zu verschdegge;
Du schtabelst gärn e bissl dief,
So kann mer a oaecke.

Doch Labbeduddl sin mer net,
Do müsse mer uns wehre,
Erschr recht, wa' man uns gärn do hedd:
Jetzt geht's um uns're Ehre!

Schwaben

1. Kennt ihr das Land in deutschen Gauen,
Das schönste dort am Neckarstrand?
Die grünen Rebenhügel schauen
Ins Tal von hoher Felsenwand.
Es ist das Land, das mich gebar,
Wo meiner Väter Wiege stand;
Drum sing ich heut' und immerdar:
Das schöne Schwaben ist mein Heimatland.

4. Kennt ihr das Land im deutschen Süden,
So oft bewährt in Kampf und Streit,
Dem zwischen seiner Wälder Frieden
So frisch die deutsche Kraft gedeiht?
Ja, wack're Deutsche lasst uns sein,
Drauf reichet euch die deutsche Hand;
Denn Schwabenland ist' nicht allein:
Das ganze Deutschland ist mein Heimatland![39]

Gedenke, dass du ein Deutscher bist!

1. Rütt'le dich, recke dich, schwäbischer Bauer!
Wurde bis heute das Leben dir sauer,
's kommt noch ärger! Kommt nimmer besser.
Sieh nur, es steigen die bösen Gewässer!
Wenn du nicht schützest dein Dorf und dein Haus,
Strömt bald herein das wilde Gebraus.

39 Text: Johann Georg Fischer; Melodie: Frédéric Bérat. Den Lyriker und Dramatiker Fischer (1816–1897) haben vor allem seine 24 Reden zum Gedenken an Friedrich Schiller, gehalten an dessen Geburtstag, überregional populär gemacht.

3. Wahret das Köstlichste, was wir besitzen!
Das müsst ihr schirmen, das müsst ihr schützen!
Unsere Sprache, das Erbe der Ahnen
Soll auch noch uns'ren Enkel ermahnen,
Dass er im Leben niemals vergisst:
Stolz zu sein, dass er ein Deutscher ist!

4. Wer seines Vaters Namen nicht ehrt,
War seiner Mutter Liebe nicht wert;
Wer sein Deutschtum verleugnen kann,
Das ist ein Wicht, das ist kein Mann!
Hör' meinen Mahnruf, der immer ist:
Gedenke, dass du ein Deutscher bist!
– *Arthur Korn*

Saarland

Deutsch ist die Saar

Den Saarländern ist es mit ihrer Hymne nicht leichtgemacht worden. 1920 dichtete der Saarbrücker Lehrer auf die Melodie des Steigerlieds (Glück auf, Glück auf, der Steiger kommt) den Text zu einer Hymne, die den Wiederbeitritt des Saargebiets zum Deutschen Reich proklamiert:

> Deutsch ist die Saar,
> Deutsch immerdar,
> Und deutsch ist unseres Flusses Strand,
> Und ewig deutsch mein Heimatland,
> Mein Heimatland, mein Heimatland.

Das Lied galt als heimliche Nationalhymne des Saarlands. Heute wird es noch bei Fußballspielen des 1. FC Saarbrücken gesungen.

Nach dem Zweiten Weltkrieg war das Saarland ein autonomer Staat, der wirtschaftlich mit Frankreich liiert war. Anlässlich des ersten Spiels der saarländischen Fußball-Nationalmannschaft gegen die Schweiz wurde eine neutrale Nationalhymne notwendig. Der Fußball als Hebamme für eine Hymne.

2003 schrieb das saarländische Ministerium für Bildung, Kultur und Wissenschaft einen Wettbewerb aus, um einen neuen Text für das Saarland-Lied zu finden. Gewinner war Gerhard Tänzer:

> Ich rühm' dich, du freundliches Land an der Saar,
> Von friedlichen Grenzen umgeben.
> Nie wieder bedrohe dich Krieg und Gefahr,
> In dir möcht' ich immerzu leben.
> Und gibst du uns Arbeit, so hat's keine Not,
> Wir werden die Mühen nicht scheuen,

Und Feste feiern zum täglichen Brot,
Denn du, unser Land, sollst uns freuen.

Aber wie soll man diesen Text auf das Steigerlied singen?

Ende Dezember 1956/ Anfang Januar 1957 trat das Saarland nach freien Wahlen als 10. Bundesland der damaligen Bundesrepublik Deutschland (Westdeutschland) bei. 1959 wurde die bisherige Wirtschafts- und Währungsunion mit Frankreich aufgehoben und die D-Mark eingeführt. Wer sich von ihr erhofft haben mag, dass sie Arbeit und täglich Brot garantieren werde, sah sich getrogen. Die D-Mark konnte nicht verhindern, dass das Saarland ökonomisch eine Talfahrt erlitt. Aber die große Mehrheit im Saarland ließ sich das nicht verdrießen. Offenbar gab es noch stärkere Befürworter für den Beitritt als den Bauch.

Hessen

Im Großherzogtum Hessen gab es bereits eine amtliche Fürstenhymne, als der Lyriker Karl Preser (1828–1910) mit dem Hessenlied den demokratischen Kontrapunkt dazu setzte. Es hat vier Strophen, von denen hier die erste und die dritte zitiert seien:

1. Ich kenne ein Land, so reich und so schön,
Voll goldener Ähren die Felder.
Dort grünen im Tal bis zu sonnigen Höh'n
Dufthauchende dunkele Wälder.
Dort hab' ich als Kind an der Mutter Hand
In Blüten und Blumen gesessen.
Grüß' Gott dich, du Heimat, du herrliches Land,
Grüß' Gott dich, mein liebes Land Hessen!

3. Dein Stamm, den die Urflut der Zeiten gebar,
Hat fest in den Stürmen gestanden
Und tapfer getrotzt der Geschicke Gefahr,
Wenn and're schon zitternd sich wanden.
So wollen wir schirmen mit Hammer und Schwert
Dich, Hort, dessen Wert kaum zu ermessen.
Kein Feind, der dir zornig den Frieden verwehrt:
Dein Schild sind wir, starkes Land Hessen!

Von der Hessischen Landesregierung ist nachfolgende Version veröffentlicht worden:

Ich kenne ein Land, so reich und so schön,
Voll goldener Ähren die Felder.
Dort grünen im Tal bis zu sonnigen Höh'n
Viel dunkele, duftige Wälder.

Dort hab' ich als Kind an der Mutter Hand/
In Blüten und Blumen gesessen.
Ich grüß' dich, du Heimat, du herrliches Land,
Herz Deutschlands, mein blühendes Hessenland (besser: Hessen)

Vom Main bis zur Weser, Werra und Lahn
Ein Land voller blühender Auen
Dort glänzen die Städte, die wir alle sah'n,
Seid herrlich im Lichte zu schauen.
Dort hab' ich als Kind an der Mutter Hand
In Blüten und Blumen gesessen.
Ich grüß' dich, du Heimat, du herrliches Land,
Herz Deutschlands, mein blühendes Hessen.[40]

Es ist ein Lied, von dem nur die ersten vier Zeilen nicht obsolet sind. Sollen die Hessen ihr Land im Zeitalter digitaler Angriffe etwa mit Hammer und Schwert schirmen? Sollen Kinder, die mit ihrer Mutter in der Ukraine oder im Iran aufwuchsen, aufstehen und das Hessenlied mit der Hand auf dem Herzen singen? Der Ausländeranteil in Hessen beträgt fast ein Viertel. Man kann verstehen, dass Volker Bouffier sich zur Verabschiedung als hessischer Ministerpräsident vom Heeresmusikkorps Kassel das Lied „Die Gedanken sind frei" gewünscht hat.

40 Text: Karl Preser; Melodie: Albrecht Brede, Musiklehrer in Kassel.

Fürstentum Waldeck In Nordhessen

Waldecker Lied

1890 schrieb August Koch das Waldecker Lied. Es klingt wie eine Entschuldigung, dass er erst so spät in die Saiten greife. Aber alle Welt soll wissen, dass die Waldecker es an Heimatliebe und Treue zu Deutschland mit jedem Vaterlandsliebenden in anderen Gauen aufnehme.

Unter allen Landen deutscher Erde
Preis' ich Waldeck, mein lieb' Heimatland.
Bis zum letzten Atemzuge werde
Ihm ich weihen Herz und Hand.

Refrain:
Mein Waldeck, lebe hoch,
Mein Waldeck, lebe hoch,
Mein teures liebes Waldeck,
Es lebe, lebe hoch!

Seht das Land im Schmuck der schönsten Wälder,
Wenn der Lenz mit neuer Pracht einzieht,
Wenn die Berge, Täler, Wiesen, Felder,
Grün geziert, so weit das Augen sieht.

Refrain

Wie so mächtig auf den Höhen rauschen
Eich' und Buche, trotzen Sturm und Wind.
Hirsch und Reh im Waldgrund lauschen,
Wo der Quell zum klaren Bächlein rinnt.

Heute werden in der Regel nur noch die ersten drei Strophen als Regionalhymne aller Waldecker gesungen. Sie gucken nicht über den Tellerrand und sind daher nicht anstößig. Erst die folgenden vier Strophen legen ein Bekenntnis für die deutschen Farben und die Liebe zu Alldeutschland ab:

Echte Deutsche sind in Waldecks Gauen,
Sachs und Franke reichen sich die Hand.
Fürst und Volk einander stets vertrauen,
Lieb' und Treue sind ihr festes Band.

Refrain

Schwarz-Rot-Gold sind meine Landesfarben,
Dunkler Nacht folgt gold'nes Abendrot,
Für Alldeutschland Walldecks Söhne starben,
Deutsche Treu' bewahrend bis zum Tod.

Refrain

Fest, o Waldeck, steht zum deutschen Reiche,
Wie dein hohes Felsenschloss, so fest!
Grün' und blüh' gleich dein der schönsten Eiche,
Stürmt es auch von Osten oder West.

Refrain

August Koch muss Hoffmann von Fallerslebens „Deutsche Farbenlehre" aus dem Jahr 1843 ebenso gekannt haben wie andere Regionalhymnen.

Niedersachsen

Niedersachsenlied

1. Von der Weser bis zur Elbe,
Von dem Harz bis an das Meer
Stehen Niedersachsens Söhne,
Eine feste Burg und Wehr.
Fest wie unsere Eichen halten
Alle Zeit wir stand,
Wenn Stürme brausen übers deutsche Vaterland.

Refrain:
Wir sind die Niedersachsen,
Sturmfest und erdverwachsen,
Heil, Herzog Widukind Stamm!

2. Wo fielen die römischen Schergen?
Wo versank die welsche Brut?
In Niedersachsens Bergen,
An Niedersachsens Wut.
Wer warf den röm'schen Adler
Nieder in den Sand?
Wer hielt die Freiheit hoch
Im Deutschen Vaterland?

Refrain:
Das war'n die Niedersachsen,
Sturmfest und erdverwachsen …

4. Aus der Väter Blut und Wunden
Wächst der Söhne Heldenmut.
Niedersachsen soll's bekunden:
Für Freiheit, Gut und Blut.
Fest wie unsere Eichen
Halten alle Zeit wir stand,
Wenn Stürme brausen
Übers Deutsche Vaterland.

Refrain

Der Pädagoge und Komponist Hermann Grote (1885–1971) hat das Niedersachsenlied um 1926 in Braunschweig getextet und vertont. Es ist nur inoffiziell die Hymne der Niedersachsen. Widukind, der im Refrain als Stammvater der Niedersachsen beschworen wird, war erbitterter Gegner und nach seiner Taufe Verbündeter Karls des Großen, der auch sein Taufpate war. Das Niedersachsen, das Grote besungen hat, ist geografisch nicht deckungsgleich mit dem heutigen Niedersachsen, sondern kleiner. So müsste es im Lied z. B. heißen: „Von der Ems bis an die Elbe" anstatt „Von der Weser bis zur Elbe".

Hier soll keine Anthologie der regionalen und lokalen Hymnen geliefert werden. Der Himmel segne alle, die die Geduld aufgebracht haben, obige Beispiele miteinander und mit dem Deutschlandlied zu vergleichen.

Von der Maas bis an die Memel

August Heinrich Hoffmann von Fallersleben und seine Zeitgenossen haben aus dem Dilemma, dass die Gedankenfreiheit nicht ausreicht, um das Vaterland souverän zu machen, die Konsequenz gezogen. Sie plädierten dafür, auch die *politische* Freiheit zu erkämpfen und äußerstenfalls das Leben dafür zu opfern. Es ist also nicht zu bestreiten, dass die Nationalhymne einen politischen Hintergrund hat; aber das haben andere Hymnen auch.

17. Vorschlag: Das Lied der Deutschen

Das Lied der Deutschen von August Heinrich Hoffmann von Fallersleben ist ein Glücksgriff. Aber nur selten wurde ihm der angemessene Respekt entgegengebracht. Dabei ist es, im Gegensatz zur Marseillaise, geradezu ein Friedenslied. Oder will jemand behaupten, der Refrain der Marseillaise sei nicht aggressiv? „Aux armes citoyens, formez vos bataillons, marchons, marchons, qu'un sang impur abreuve nos sillons!“ *Unreines* Blut tränke unsere Ackerfurchen!

Die Marseillaise wurde 1792 bei der Kriegserklärung an Österreich als Anfeuerungslied für die französische Rheinarmee verfasst. Hoffmanns „Lied der Deutschen“ ist 50 Jahre jünger. Aber es hatte einen vergleichbaren Anlass, nämlich die unveränderten französischen Gebietsansprüche auf die zum Deutschen Bund gehörigen linksrheinischen Gebiete, und bei einigen gingen die Ansprüche sogar darüber hinaus. Der liberale Patriot aus Fallersleben, einem Stadtteil Wolfsburgs, hat das Deutschland-Lied Ende August 1841 auf dem damals noch britischen Helgoland verfasst. Sein Verleger Julius Campe, der den Dichter dort besuchte, hoffte, dass es ein „Rheinlied“ werden könne. Es gab seinerzeit eine ganze Reihe von Rheinliedern, die zur Verteidigung beider Rheinufer aufriefen. Am bekanntesten sind „Sie sollen ihn nicht haben, den freien deutschen Rhein“ von Nikolaus Becker, „Die Wacht am Rhein“ von Max Schneckenburger und das „Kriegslied gegen die Wälschen“ von Ernst Moritz

Arndt. Anders als Hoffmanns *Lied der Deutschen* ist zumal Arndts Weise ein richtiges Kriegslied: schneidiger, aggressiver und daher auch weiter verbreitet.

Es wäre zu kurz gegriffen, unterstellte man Hoffmann, es sei ihm in erster Linie um die Wacht am Rhein gegangen. Das übergeordnete Ziel waren Einigkeit und Recht und Freiheit für das deutsche Vaterland, und darum war es schlecht bestellt.

Aber der Leser urteile selbst:

Das Lied der Deutschen

Deutschland, Deutschland über alles,
Über alles in der Welt,
Wenn es stets zu Schutz und Trutze
Brüderlich zusammenhält.
Von der Maas bis an die Memel,
Von der Etsch bis an den Belt –
Deutschland, Deutschland über alles,
Über alles in der Welt!

Deutsche Frauen, deutsche Treue,
Deutscher Wein und deutscher Sang
Sollen in der Welt behalten
Ihren alten schönen Klang,
Uns zu edler Tat begeistern
Unser ganzes Leben lang –
Deutsche Frauen, deutsche Treue,
Deutscher Wein und deutscher Sang.

Einigkeit und Recht und Freiheit
Für das deutsche Vaterland!
Danach lasst uns alle streben
Brüderlich mit Herz und Hand.
Einigkeit und Recht und Freiheit
Sind des Glückes Unterpfand –

Blüh' im Glanze dieses Glückes,
Blühe, deutsches Vaterland!

Nach der Wiedervereinigung am 3. Oktober 1990 bestätigten Bundespräsident Richard von Weizsäcker und Bundeskanzler Helmut Kohl die Entscheidung ihrer Vorgänger mit der Einschränkung, dass nur noch die dritte Strophe die Nationalhymne bilden solle. Um jede Komplikation zu vermeiden, druckte das vom Bundesverteidigungsministerium und vom Führungsstab der Streitkräfte herausgegebene Liederbuch der Bundeswehr von 1991 nur noch die dritte Strophe ab. („Kameraden singt", S. 5 als erstes Lied nach der Einleitung.)

Deutschland, Deutschland über alles

Allerdings verhinderte diese Zurückhaltung nicht, dass die Nationalhymne im Inland wie im Ausland immer wieder als Ausdruck deutscher Großmannssucht und deutschen Eroberungsdrangs hingestellt wurde. Die Kritik bezog sich vor allem auf die erste, inzwischen nicht mehr gesungene Strophe, die mit den Worten „Deutschland, Deutschland über alles, über alles in der Welt" beginnt.

Dabei wird geflissentlich übersehen, dass im nächsten Satz defensiv von Schutz und Trutz die Rede ist und nicht von Angriff. Als Grenzen des von ihm besungenen Deutschlands gibt Hoffmann von Fallersleben Gewässer an: von der *Maas* bis an die *Memel* in Ostpreußen, von der *Etsch* in Südtirol bis an den *Belt* auf der Höhe des damaligen Herzogtums Schleswig. Damit umreißt Hoffmann vorsichtig das deutsche Sprachgebiet; von einer Erweiterung kein Wort! Wohlgemerkt: Es ging um das Sprach- und nicht um das Staatsgebiet. Geografisch wäre diese Grenzziehung abwegig. Die Maas strömt nicht durch Deutschland, sondern durch Frankreich, Belgien und die Niederlande; die Etsch (Adige) fließt durch Italien.

Hoffmann folgte mit seiner Grenzziehung einer Tradition, die bis ins 12. Jahrhundert zurückreicht. Walther von der Vogelweide ist „von der Elbe bis an den Rhein" und zurück bis an die ungarische Grenze gereist, um deutsche Wesensart und deutsche Sitten zu erkunden.

Die Grammatik widerlegt jeden Verdacht

Sei's drum! Es gibt einen weit besseren Gewährsmann für Hoffmanns friedliche Einstellung: die Grammatik. Will etwa jemand dem Hochschullehrer, der, Hand in Hand mit den Gebrüdern Grimm, das Fach Germanistik als wissenschaftliche Disziplin etabliert hat, unterstellen, er wisse nicht zu unterscheiden, wann die Präposition „über" den Akkusativ regiert und wann den Dativ? Das wäre einfach lächerlich! Der Philologe und Dichter mit dem empfindlichen Sprachgefühl hat wohlweislich den Akkusativ gewählt, und das kann nur eines heißen: Er wollte sagen, er liebe Deutschland über *alles* – in dem Sinne von: Deutschland, mein ein, mein *alles*! (Nominativ.) Hätte er hochmütig sagen wollen, Deutschland stehe über *allem*, hätte er den Dativ bemühen müssen. Als Hoffmann 1841 sein *Lied der Deutschen* dichtete, wird er an Philipp von Gemmingen (1771–1831) gedacht haben, der seiner Zeitschrift den Titel „Teutschland über alles" gegeben hatte. Dass es sich bei seinem Text um eine Liebeserklärung an seine Heimat und einen Weckruf zur Einigung handle, hat Hoffmann immer wieder beteuert: „Ich will ein Lied schreiben, das die Deutschen eint. Keine Huldigung an die Fürsten, sondern ein Lied der Sehnsucht nach der Einheit der Nation." (Jörg Koch, a. a. O., S. 32.)

Mit der Liebeserklärung an Deutschland wurde Hoffmann von seinen Mitstreitern richtig verstanden; sie beherrschten noch die Grammatik! 1848 rief der Abgeordnete Wilhelm Jordan in der Frankfurter Nationalversammlung: „Freiheit für alle; aber des Vaterlandes Kraft und Wohlfahrt über alles!"

Mit Musik geht alles besser

In der Diskussion wird meistens vernachlässigt, welche Rolle die völkerverbindende Musik dabei gespielt hat, dass sich das *Deutschlandlied* immer wieder durchsetzte. Die Melodie hat der österreichische Komponist Joseph Haydn 1797 zu Ehren von Kaiser Franz II. variiert. Der Text dazu stammt von dem österreichischen Lyriker Leopold Haschka: „Gott erhalte Franz den Kaiser, unsern guten Kaiser Franz!" Damals rückten napoleonische Truppen gen Wien vor.

Haydn entlehnte den Anfang der Weise dem Liederschatz der katholischen Kirche; daher tönt sie so feierlich und getragen. Den Rest entnahm der Meister der Improvisation dem kroatischen Volkslied „Bin kurz vor der Morgendämmerung aufgestanden"; daher klingt das Preislied bei allem Pathos heiter. Die Pointe ist, dass es sich bei der Melodie der deutschen Nationalhymne recht eigentlich um ein kroatisches Volkslied handelt![41]

Patriotische Enge

Nicht immer möchte ich Hoffmann applaudieren. Zu den unpolitischen Liedern rechnete der Verlag Hoffmann & Campe Hoffmanns „Nur in Deutschland will ich ewig leben". Aber was ist schon unpolitisch? Im Eifer des Gefechts drohte sogar einem Hoffmann von Fallersleben gelegentlich der Weitblick verloren zu gehen:

Zwischen Frankreich und dem Böhmerwald,
Da wachsen uns're Reben,
Grüß' mein Lieb' am grünen Rhein,
Grüß'mir meinen kühlen Wein!

41 Wilhelm Tappert: Wandernde Melodien. Eine musikalische Studie. 2. vermehrte und verbesserte Aufl. Leipzig: Verlag List & Francke, 1890, S. 12, S. 14. Nachdruck bei Forgotten Books, ISBN 978-0-266-68614-9; Jörg Koch, a. a. O., S. 100.

Nur in Deutschland,
Da will ich ewig leben.[42]

Auch dieses Lied ist nur aus dem Horizont der damaligen Zeit zu verstehen und heute zu Recht vergessen.

Eichen, Eichen, Doppeleichen Gemeinschaftsstiftende Symbole

Hoffmann von Fallersleben war sich dessen bewusst, dass ein Gemeinwesen gemeinschaftsstiftende Symbole braucht. Das konnten Lieder sein, aber auch Farben, Banner, Ansteckнadeln oder ein Baum, im Falle Deutschlands die Eiche. Theodor Körner ist nicht von ungefähr unter einer Eiche begraben worden. In der Barockzeit galt sie als Symbol des Lebens, und im 18. Jahrhundert mutierte sie zum deutschen Wappenbaum, der für Freiheitsliebe und Stärke stand. Die erste Strophe in Philipp Ludwig Bunsens *Lied auf die deutsche Eiche* lautet: „Unter dieser Eiche lasst euch nieder, / Brüder, seht, hier ist das Mahl bereit. / Trinkt und singt! Das erste eurer Lieder / Sei der Wälder Königin geweiht" (Bunsen 1760–1809). Die beiden letzten Zeilen in Ludwig Uhlands Lied „Freie Kunst" (1812) lauten: „In den frischen Eichenhainen / Webt und rauscht der deutsche Gott." Hotels lockten ihre Gäste mit dem Schild „Zur deutschen Eiche" an, und in regionalen Heimatliedern spielt die Eiche eine Hauptrolle, so in der Brandenburg-Hymne: Uralte Eichen, im Niedersachsen-Lied: Fest wie unsere Eichen, und in der Schleswig-Holstein-Hymne: Teures Land, du Doppeleiche, unter einer Krone Dach.

Hoffmann von Fallersleben reimte 1842 das Lied „Frei und unerschütterlich", das nach der Melodie des Studentenlieds „Gaudeamus igitur" gesungen wird:

---

42 August Heinrich Hoffmann von Fallersleben: Unpolitische Lieder von Hoffmann von Fallersleben. 1. und 2. Theil, Hamburg: Hoffmann & Campe, S. 162–164; August Heinrich Hoffmann von Fallersleben: Unpolitische Lieder. Theile 1 und 2, Wilhelmshaven: Acoustic Music Books, 2022.

Frei und unerschütterlich
Wachsen unsre Eichen.
Mit dem Schmuck der grünen Blätter
Steh'n sie fest bei Sturm und Wetter,
Wanken nicht noch weichen.

Wie die Eichen himmelan
Trotz den Stürmen streben
Wollen wir auch ihnen gleichen,
Frei und fest wie deutsche Eichen
Unser Haupt erheben.

Darum sei der Eichenkranz
Unser Bundeszeichen,
Dass in Taten und Gedanken
Wir nicht schwanken oder wanken,
Niemals mutlos weichen.

Der Lorbeerkranz mag etwas für Fürsten und Fürstendiener sein; der Eichenkranz kommt Demokraten zu.

Die Deutsche Trauerweide

Nachdem die „März-Revolution" von 1848/49 von preußischen und österreichischen Truppen niedergeschlagen worden war und der erste Versuch, einen demokratisch verfassten, einheitlichen deutschen Nationalstaat zu gründen, gescheitert war (und mit ihm die verfassungsgebende Versammlung in der Paulskirche zu Frankfurt), spottete Hoffmann: „Soll uns keine Hoffnung werden,/ Keine mehr in unserem Leide./ Ach! Der erste Baum, der grünet, ist die deutsche Trauerweide."

Trauerweiden statt himmelstürmender Eichen, die „nicht wanken und nicht weichen" (Hoffmann, 1842).

Fluch und Vernichtung allem fremden Tand!

Ein Jahr später, am 28. Juni 1843, verfasste Hoffmann das Gedicht über „Die Fremdherrschaft“:

> Deutsch zu sein in jeder Richtung
> Fordert jetzt das Vaterland:
> Aus dem Leben, aus der Dichtung
> Sei das Fremde ganz verbannt! …
>
> Schaffet ab die fremden Worte,
> Die Bedeutung aber auch!
> Rein soll sein an jedem Orte
> Deutsche Sitt’ und deutscher Brauch …
> Drum, alaaf! Fluch und Vernichtung
> Allem diesem fremden Tand!

Das ist wieder so ein Gedicht, bei dem man nicht so recht weiß, wie man es interpretieren soll: Ist es bittere Ironie, oder hat Hoffmann das ernst gemeint? Wir stimmen ihm zu, wenn er die Überfrachtung der deutschen Sprache mit Fremdwörtern kritisiert. Das ist auch heutzutage ein arrogantes Übel. Aber mit den Fremdwörtern auch deren Bedeutung abschaffen zu wollen, wird doch wohl kein blutiger Ernst sein! Auch der Schluss: „Drum alaaf! Fluch und Vernichtung allem diesem fremden Tand!“ klingt wie Hohn.

Eine zweite Version des Gedichts „Fremdherrschaft“ bestätigt, dass Hoffmann das fremde Gute erhalten wissen will:

> Jeder schöpft aus seiner Quelle,
> Weil sie ihm am nächsten ist;

Jeder misst nach seiner Elle,
Weil er so am liebsten misst.

Fremde Stiefel passen selten,
Nach dem Kopf kauf man den Hut.
Nur das Eigne lässt man gelten;
Denn Gewohnheit macht es gut.

Und so bleibt uns fremdes Gute,
Fern von uns'rer Eigenheit,
Und das Eigne wird zur Ruthe,
Die uns züchtigt allezeit.[43]

43 August Heinrich Hoffmann von Fallersleben: Deutsche Lieder aus der Schweiz. Hildesheim/New York 1975, S. 52–54; Karl-Maria Guth (Hg.): Deutsche Lieder aus der Schweiz. Berlin: Verlag Contumax-Hofenberg, 2013.

Deutsche Farbenlehre: Schwarz-Rot-Gold

Nach der Niederschlagung der Revolution von 1848/49 dichtete Hoffmann von Fallersleben seine „Deutsche Farbenlehre“:

Über unserm Vaterlande
Ruhet eine *schwarze* Nacht,
Und die eigne Schmach und Schande
Hat uns diese Nacht gebracht.

Und es kommt einmal ein Morgen,
Freudig blicken wir empor:
Hinter Wolken arg verborgen
Bricht ein *rother* Strahl hervor.

Und es ziehet durch die Lande
Überall ein *goldnes* Licht,
Das die Nacht der Schmach und Schande
Und der Knechtschaft endlich bricht.[44]

Auf, auf, zum fröhlichen Jagen!

Es gab eine ganze Reihe von Liedern, die die Farben Schwarz, Rot-Gold preisen, so die „Fürstenjagd“, die nach der Melodie „Auf, auf, zum fröhlichen Jagen gesungen wurde. Es umfasst sechs Strophen, von denen hier die dritte und die sechste zitiert seien:

44 In: Republikanische Lieder, 1849, Nr. 18.

Schämt euch, ihr Millionen,
Die ihr euch Menschen nennt
Und unter'm Joch der Kronen
Zur Knechtschaft euch bekennt!
O, fühlt die Menschenwürde,
Die die Natur euch gab,
Und werft die schwere Bürde
Mit starken Armen ab!

Das *Schwarz* der Knechtschaft schwindet
In Kampfes blutigem *Rot*,
Der Freiheit *Gold* verkündet
Das Ende aller Not.
Zielt gut, haut scharf, ihr Treuen,
Du Büchse und du Schwert!
Das wird die Nachbarn freuen
Am freien eigenen Herd.[45]

Ferdinand Freiligrath (1810–1876) haute in dieselbe Kerbe. Ich zitiere aus seinem „Demokratischen Volkslied" die Strophen 1 und 9:

In Kümmernis und Dunkelheit,
Da mussten wir sie bergen.
Nun haben wir sie doch befreit,
Befreit aus ihren Särgen!
Ha, wie das blitzt und rauscht und rollt!
Hurra, du Schwarz, du Rot und Gold!

45 Alexander Lipping und Björn Grabendorff: 1848 – Der Deutsche macht in Güte die Revolution. Frankfurt/ Main: Fischer-TB, 1982, S. 17.

Refrain:
Pulver ist schwarz,
Blut ist rot,
Golden flackert die Flamme!

Die eine deutsche Republik,
Die musst du noch erfliegen!
Musst jeden Strick und Galgenstrick
Dreifarbig noch besiegen.
Das ist der große letzte Strauß –
Flieg aus, du deutsch Panier, flieg aus![46]

Freiligrath hatte schon 1846 den Gedichtband „Ca ira!" (Cedille!) veröffentlicht, um die Deutschen aufzurütteln. Ständig auf der Flucht, war er auf dem Sprung nach Amerika, als in Deutschland die Revolution ausbrach, die er mit den Gedichten „Februarklänge" und „Die Revolution" begrüßte. 1848 trat er in die Redaktion der *Neuen Rheinischen Zeitung* von Marx und Engels ein. Dort leitete er die Auslandsredaktion.

Schwarz-Rot-Gold sind die Farben der Demokratie. Allerdings firmierte schon das Heilige Römische Reich Deutscher Nation unter denselben Farben: Vom Mittelalter bis ins 20. Jahrhundert war ein schwarzer Doppelkopfadler auf goldenem (gelbem) Grund sein Sinnbild. Das Wappentier hatte einen roten Hakenschnabel und rote Fänge.

Der Adler ist nach dem Löwen das häufigste Wappentier. Er beschwört die Kraft und den Mut der Götter – von Zeus bis Jupiter und von Wischnu bis Odin. Die römischen Legionen haben einen goldenen Adler vorangetragen, den sie bis aufs Blut verteidigten.

Das Siegel der Bundesrepublik Deutschland ist ein schwarzer Adler mit nur einem Kopf. Er prangt auf schlichtem Weiß. Auf Fahnen spreizt er seine Fänge für Deutschland in den Farben Schwarz, Rot, Gold.

46 Alexander Lipping und Björn Grabendorff, a. a. O., S. 78–80.

Dagegen hat Österreich den schwarzen Doppelkopfadler als Zeichen der aus römischer Zeit übernommenen kaiserlichen Gewalt übernommen. Sigismund von Luxemburg (1368–1437) war König von Ungarn und Kroatien, Kurfürst von Brandenburg und seit 1419 bis zu seinem Tod 1437 römisch-deutscher Kaiser. Auf dem Konzil zu Konstanz belehnte er Sigismund Friedrich von Hohenzollern mit der Mark Brandenburg und verkaufte anschließend seine damit verbundene Kurwürde an Friedrich, was den Aufstieg des Hauses Hohenzollern vorbereitete.

Die Geschichte der Wappentiere und Nationalfarben ist eine besondere Wissenschaft. Es gibt Adler mit einem, mit zwei und mit drei Köpfen, Adler, die ansitzen, und Adler, die fliegen. Hauptsache, sie machen Eindruck. Ob es auch Adler gibt, die ein Auge zukneifen, weiß ich nicht.

Die Farbe Grün: Grüne Eichen

Die Eichen

Abend wird's, des Tages Stimmen schweigen,
Röter strahlt der Sonne letztes Glüh'n;
Und hier sitz ich unter euren Zweigen,
Und das Herz ist mir so voll, so kühn!
Alter Zeiten alte treue Zeugen,
Schmückt euch doch des Lebens frisches Grün,
Und der Vorwelt kräftige Gestalten
Sind uns noch in eurer Pracht erhalten.

Viel des Edlen hat die Zeit zertrümmert,
Viel des Schönen starb den frühen Tod,
Durch die reichen Blätterkränze schimmert
Seinen Abschied dort das Abendrot.
Doch um das Verhängnis unbekümmert,
Hat vergebens euch die Zeit bedroht,
Und es ruft mir aus der Zweige Wehen:
Alles Große muss im Tod bestehen!

Und ihr habt bestanden! Unter allen
Grünt ihr frisch und kühn mit starkem Mut,
Wohl kein Pilger wird vorüberwallen,
Der unter eurem Schatten nicht geruht.
Und wenn herbstlich eure Blätter fallen,
Tot auch sind sie euch ein köstlich Gut;
Denn verwesend werden eure Kinder
Eurer nächsten Frühlingspracht Begründer.

Schönes Bild von alter deutscher Treue,
Wie sie bess're Zeiten angeschaut,
Wo in freudig kühner Todesweihe
Bürger ihre Staaten fest gebaut.
Ach, was hilft's, dass ich den Schmerz erneue?
Sind doch alle diesem Schmerz vertraut!
Deutsches Volk, du herrlichstes von allen,
Deine Eichen steh'n, du bist gefallen![47]

47 Theodor Körner, 1811. In: Allgemeines Deutsches Kommersbuch, a. a. O., S. 1–2.

Vermaledeit: Die Huldigung der Fürsten

Hoffmann hatte mit seinem Deutschlandlied eine „Huldigung der Fürsten“ vermeiden wollen. Aber was er erleben musste, war das Gegenteil.

Man vergegenwärtige sich die traurige Lage im Deutschen Bund, auf den sich „die souveränen Fürsten und freien Städte Deutschlands“ 1815 geeinigt hatten (unter Einschluss des Kaisers von Österreich sowie der Könige von Preußen, Dänemark (wegen Schleswig-Holstein) und der Niederlande (wegen Luxemburg). In diesem losen Verbund von rund 50 Mitgliedern verteidigte jeder mit nationalem Egoismus seine „fürstlichen“ Interessen. Und jeder ließ bei öffentlichen Anlässen seine eigene Hymne spielen. So lautete die Hymne im Königreich Bayern (und im Königreich Griechenland!) damals: „Heil unserm König, Heil!/ Lang Leben sei sein Teil!/ Erhalt ihn Gott!/ Gerecht und fromm und mild,/ ist er dein Ebenbild!“ Herrscher-Verehrung oder Blasphemie? Wenigstens lässt es das Preislied an Selbstbewusstsein nicht fehlen.

Preußens Hymne „Heil dir im Siegerkranz“

Die preußische Volkshymne „Heil dir im Siegerkranz!“ wurde nach dem Sieg der Deutschen unter Führung Preußens im Deutsch-französischen Krieg 1870/71 und der Gründung des Deutschen Kaiserreichs 1871 zur Kaiserhymne. Die Urfassung des Lieds stammt von dem dänischen Pfarramtskandidaten Heinrich Harries, der es anlässlich des Geburtstags des dänischen Königs Christian VII. veröffentlicht hatte: „Heil dir, dem liebenden Herrscher des Vaterlands! Heil dir, Christian, heil dir!“ Gesungen wurde das Preislied nach der Melodie der britischen Königshymne „God save the King“ bzw. the Queen. Nach dem Tode der Jahrhundert-Queen Elizabeth wird sie wohl wieder für Generationen auf einen King angestimmt.

Nach dieser feierlichen Weise ertönten auch andere Fürstenhymnen, etwa in Russland, in Bayern, in Württemberg, in Baden oder in der Schweiz. Balthasar Gerhard Schumacher hat den Text 1793 auf den preußischen König umgemünzt. Seine Version diente 1795 bis 1871 als preußische Volkshymne, immer gesungen nach der englischen Melodie. Entsprechend lautete die Kaiserhymne:

Heil dir im Siegerkranz,
Herrscher des Vaterlands,
Heil, Kaiser, dir!
Fühl in des Thrones Glanz
Die hohe Wonne ganz,
Liebling des Volks zu sein!
Heil Kaiser dir!

Reichsgründung von oben

Nachdem die Revolution von 1848/49 mit dem Versuch gescheitert war, einen Nationalstaat „von unten", durch das Volk, zu gründen, dauerte es mehr als zwanzig Jahre, bis die Einigung „von oben" erreicht wurde. Nach dem Sieg im Deutsch-Französischen Krieg unter Preußens Führung vor gut 150 Jahren wurde im Spiegelsaal von Schloss Versailles das Deutsche Kaiserreich ausgerufen – in Anwesenheit der deutschen Fürsten und aristokratischen Militärs. Symbolischer Ausdruck der Reichsgründung von oben war, dass Preußens Hymne „Heil dir im Siegerkranz" intoniert wurde und nicht etwa Hoffmanns Lied an die Deutschen. Wilhelm Friedrich Ludwig von Preußen aus dem Hause Hohenzollern wurde zum Deutschen Kaiser Wilhelm I. gekrönt. Er war der Herrscher. Aber die Ehre, die Einigung unter Ausschluss von Österreich herbeigeführt zu haben, blieb dem preußischen Ministerpräsidenten Otto von Bismarck vorbehalten.

„Liebling des Volks" zu sein: In der Königs- bzw. Kaiserhymne klingt immerhin an, dass ein Herrscher ohne die Liebe des Volks nicht glücklich regieren kann; diese Liebe muss er sich verdienen. Die zweite Strophe wird sogar noch deutlicher:

Nicht Ross und Reisige
Sichern die steile Höh',
Wo Fürsten steh'n.
Liebe des Vaterlands,
Liebe des freien Manns
Gründet den Herrscherthron
Wie Fels im Meer.

Die Wirklichkeit war viel autoritärer als die Hymne. Während der Revolution von 1848/49 verlor der Bund seine Bedeutung und löste sich daher faktisch auf. Als Hoffmann sieben Jahre davor das „Lied der Deutschen" schrieb, durfte er noch hoffen, dass Einigkeit und Recht und Freiheit von Demokraten erkämpft werde. Aber als er 1874 starb, war der deutsche Nationalstaat eine bundesstaatlich organisierte konstitutionelle Monarchie. Er wird sich im Grabe umgedreht haben, dass das Kaiserhaus und Bismarck sich so schnell mit dem Deutschlandlied anfreundeten. Im Sommer 1890 wurde es bei einer Bismarckhuldigung nach dessen Entlassung als Reichskanzler angestimmt. Bismarck war gerührt. Ergriffen schlug er mit der Hand den Takt zur Melodie. (Knopp, a. a. O., S. 55.)

Knapp zwanzig Jahre nach der Reichsgründung sang die „Hamburger Liedertafel" Hoffmanns „Lied der Deutschen" zum ersten Mal bei einem öffentlichen Anlass – und zwar dort, wo die Hymne fünfzig Jahre vorher entstanden war: auf Helgoland. Die Bezeichnung „Helgoland-Sansibar-Vertrag" weckt den Eindruck, als seien die beiden Inseln getauscht worden. Aber tatsächlich ist Sansibar nie eine deutsche Kolonie gewesen. Das Sultanat gehörte lediglich zum deutschen Interessengebiet. Bismarck verzichtete darauf, das Interesse an der ostafrikanischen Insel geltend zu machen, und erhielt dafür die strategisch so günstig gelegene Felseninsel in der Nordsee.

Bismarck

Horch, Sturmesflügel rauschen,
Die deutschen Eichen lauschen!
Blinkender Schläger Klang
Mischt sich dem Chorgesang.
Hurra, hurra, hurra!

Heut gilt nicht Spiel noch Scherzen,
Heut klopfen Männerherzen;
Heil'ge Begeisterung
Eint uns zu Huldigung.
Hurra, hurra, hurra!

Der Thron und Reich umfriedet,
Das Kaiserschwert geschmiedet,
Stolz trug das Reichspanier.
Bismarck, wir jauchzen dir!
Hurra, hurra, hurra!

Du Held vom Stamm der Eichen,
Du Ritter ohnegleichen,
Dein Haupt, so hoch betagt,
Ob dem Jahrhundert ragt.
Hurra, hurra, hurra![48]

18. Vorschlag: Nun danket alle Gott!

Im Ersten Weltkrieg wurde Musik zur Waffe. Im Deutschen Volksliederarchiv, das 1914 kurz vor Kriegsbeginn gegründet wurde, lagern heute etwa 14 000 Kriegsgedichte und 3000 Soldatenlieder. Sie können in christliche Lieder zur Mobilisierung aller Kräfte, in Kampflieder, in Lieder zur Verteufelung der Kriegsgegner und in Spaßlieder zur Aufhellung der Laune in einem bitteren Durchhaltekrieg eingeteilt werden.

48 Text: Heinrich Schmieden, 1895. Von der deutschen Studentenschaft am 1. April 1895 nach der Singweise „Du Schwert an meiner Linken“ in Friedrichsruh gesungen, wo Otto von Bismarck seine letzte Ruhestätte gefunden hat. In: Allgemeines Deutsches Kommersbuch, a. a. O., S. 62, Nr. 71.

Alle stehen wir Hand in Hand

1914 trumpfte der Architekt, Schriftsteller und evangelische Kirchenlieddichter Rudolf Alexander Schröder (1878–1962) mit der Hymne „Deutscher Schwur" auf. Man darf sie zu den christlichen Liedern zur Mobilisierung aller Kräfte rechnen:

Heilig Vaterland, in Gefahren
Deine Söhne sich um dich scharen.
Von Gefahr umringt, heilig Vaterland,
Alle stehen wir Hand in Hand.

Bei den Sternen steht, was wir schwören,
Der die Sterne lenkt, wird uns hören;
Eh' der Fremde dir deine Kronen raubt
Deutschland, fallen wir Haupt bei Haupt!

Heilig Vaterland, heb zur Stunde
Kühn dein Angesicht in die Runde,
Sieh uns all entbrannt, Sohn bei Söhnen stehn,
Du sollst bleiben, Land, wir vergehn.[49]

Fallen Haupt bei Haupt; Sterben in Reih' und Glied. Und das im Namen Gottes. Nach dem Zweiten Weltkrieg mäkelte Günter Grass, dieses Gedicht sei Schröders Ungedicht. Aber da wussten wir's alle besser. 1950 schrieb Schröder die von Hermann Reutter vertonte „Hymne an Deutschland", die nach dem Wunsch von Bundespräsident Theodor Heuss unsere Nationalhymne hätte werden sollen. Seine zweite Hymne an das deutsche Vaterland gehörte zu den stärksten Nebenbuhlern zu Hoffmann von Fallerslebens „Lied an die Deutschen".

49 „Deutscher Schwur", aus: Rudolf Alexander Schröder: Gesammelte Werke in fünf Bänden. Band I: Die Gedichte.

Als Kaiser Wilhelm II. am 1. August 1914 vor dem Berliner Schloss die Mobilmachung verkündete, stimmte die Menge den Choral „Nun danket alle Gott“ an. Wir können es heute nicht mehr nachvollziehen, dass man Gott dankt, weil er Deutschland angeblich in einen Krieg führt. Die Stimmung damals besagte, dass es sich um einen gerechten Krieg handle.

Nun danket alle Gott
Mit Herzen, Mund und Händen!
Der große Dinge tut
An uns und allen Enden;
Der uns von Mutterleib
Und Kindesbeinen an,
Unzählig viel zu gut
Bis hierher hat getan.

Der ewigreiche Gott
Woll uns bei unserem Leben
Ein immer fröhlich Herz
Und edlen Frieden geben
Und uns in seiner Gnad
Erhalten fort und fort
Und uns aus aller Not
Erlösen hier und dort.

Lob, Ehr und Preis sei Gott,
Dem Vater und dem Sohne,
Und Gott, dem Heil'gen Geist,
Im höchsten Himmelsthrone,
Ihm, dem dreiein'gen Gott,
Wie es im Anfang war
Und ist und bleiben wird,
So jetzt und immerdar.

Nur die Geschichte dieses Chorals macht verständlich, warum es, ein Dankeslied, zu einem Kriegslied mutierte. Verfasst hat es der protestantische Geistliche Martin Rinckart (1586–1649). Die Melodie wird ihm ebenfalls zugeschrieben; andere halten den Lehrer Johann Krüger für den Komponisten, der an der Universität Wittenberg Theologie studiert hatte und im Nebenberuf 40 Jahre lang als Kantor der St. Nikolai-Kirche zu Berlin wirkte.

Rinckart hatte das Lied ursprünglich als „Tisch-Gebetlein" vorgesehen. Aber wegen seiner Kraft und seines Gottvertrauens avancierte es zu einem Anruf Gottes vor und nach Schlachten. Im Siebenjährigen Krieg (1756–1763) sollen 25 000 Soldaten es nach dem Sieg Friedrichs des Großen in der Schlacht von Leuthen spontan angestimmt haben. Seither dient es als vaterländische Hymne. Am Sedan-Tag, dem 2. September 1870, wurde es zur Erinnerung an den Sieg über Napoleon III. im Deutsch-Französischen Krieg und an die Gründung des Deutschen Kaiserreichs gesungen.

Außerdem gehörten Luthers Choral „Ein feste Burg ist unser Gott", „Die Wacht am Rhein", „Heil dir im Siegerkranz" und Hoffmann von Fallerslebens „Deutschland über alles" zu den meist gesungenen Liedern.[50]

Ich kenne nur noch Deutsche

1914 proklamierte Wilhelm II.: „Ich kenne keine Parteien mehr, ich kenne nur noch Deutsche". Der Ausspruch wurde in Zeitungsmeldungen, auf Plakaten und Postkarten (zwei Engel halten das Bild des Kaisers; das Volk jubelt ihm zu) millionenfach verbreitet. Zum geflügelten Wort geworden, feiert er den Burgfrieden zwischen Kaisertreuen und Sozialdemokraten. Auf den Karten wurde er auf den 1. August 1914, den Tag des Kriegsbeginns, zurückdatiert.

Der Impressionist Max Liebermann (1847–1935), von 1920 bis 1932 Präsident, dann Ehrenpräsident der Preußischen Akademie der Künste, hat der Balkonrede des Kaisers im Lustgarten des Berliner Schlosses gelauscht. Auf

50 Stefan Hanheide, Dietrich Helms, Claudia Glunz und Thomas F. Schneider (Hg.): Musik bezieht Stellung. Funktionalisierungen der Musik im Ersten Weltkrieg. Osnabrück: Universitätsverlag, V&R unipress, 2013.

einem Flugblatt zeichnete er die Volksmenge. Wie die meisten deutschen Juden verstand er des Kaisers Marksatz als Aufruf an sich selbst. Sie sahen in der Mobilisierung eine Chance, Bürger unter Bürgern mit den gleichen Rechten und Pflichten zu werden. In ihrem Pflichteifer und ihrer Opferbereitschaft wollten sie sich von niemandem übertreffen lassen. Im Ersten Weltkrieg sind Zehntausende deutscher Juden gefallen oder verwundet worden. Die Nationalsozialisten haben die Erinnerung daran systematisch gelöscht.[51]

Deutschland, ein Rummelplatz

Kurt Tucholsky warnte: „Mir blieb der Verstand stehen. Ich glaubte, ich sei auf ein Schützenfest geraten. Glockenläuten, Girlanden, Freibier, Juhu und hurra. Ein großer Rummelplatz war meine Heimat, und von dem Krieg, in den sie da ging, hatte sie nicht die leiseste Vorstellung." Aber keiner hörte auf den Satiriker.

Die Brust zum Gefechte gelüftet

Wohin geschichts- und besinnungslose Opferbereitschaft führen kann, zeigte sich am Anfang des Ersten Weltkriegs in der Schlacht bei Langemarck in Flandern. Ach, wäre den 2000 Schülern und Studenten, die mit aufgepflanzten Bajonetten und dem Deutschlandlied auf den Lippen gegen die erfahrenen, eingegrabenen französischen, belgischen und britischen Soldaten anstürmten, doch vergönnt gewesen, in der Schule zu lernen, unter welchen Umständen der Heldenmythos entstanden ist! Damals, vor zwei Jahrhunderten, gab es noch keine Stellungskriege wie im Ersten Weltkrieg und keine Maschinengewehre. So stürmten die jungen Helden ins Maschinengewehrfeuer und fanden den

51 Kurt Reumann: Der Mond ist in der Leipziger Straße am größten. In: Reumann und Thomas Petersen (Hg.): Nirgends scheint der Mond so hell wie über Berlin. Köln: Verlag Herbert von Halem, 2021, S. 12 f.; Sophia Mott: Dem Paradies so fern. Martha Liebermann. Berlin: Ebersbach & Simon, 2019.

Tod. Es ist nicht mehr so leicht, ein Held zu sein, und früher war es schwer genug. (Siehe oben: Und setzet ihr nicht das Leben ein.)

Zarendreck, peitscht sie weg!

Das deutsche Kaiserreich reagierte auf jede Provokation mit Übermut: Viel Feind, viel Ehr. Als Russland mobilisierte, erklärte Berlin am 1. August 1914 dem russischen Zarenreich den Krieg, so als ob es nicht schon genug offene Flanken gehabt hätte. Der Theaterkritiker Alfred Kerr, der später vor den Nationalsozialisten aus Deutschland flüchtete, traf den Nerv, als er reimte: „Zarendreck, Barbarendreck! Peitscht sie weg, peitscht sie weg!"[52]

Und natürlich erwartete man, dass alles sehr schnell gehen werde, und so sah es anfangs ja auch aus. Das Lied „Genau wie 1870" von Otto Reutter (Text) und Max Schröder (Melodie) leiht dieser Annahme besonders martialisch Ausdruck:

Im Jahre Siebzig war's famos,
Da ging es Ende Juli los.
Auch dieses Mal begann der Streit
So ungefähr zur gleichen Zeit.
Wir zogen aus, bald waren wir
In Metz, Mühlhausen im Quartier.
Wir zogen ein in Luxemburg,
Die Grenze kam, wir gingen durch.
Und an der Grenze dachte ich:
Deutschland wird größer – hoffentlich!
Ein Wilhelm zog als Kaiser vor,
Ein Molke war als Lenker dort,
Ein Krupp, der liefert die Kanon'
Und dann ein Kronprinz, Wilhelms Sohn.

52 Alfred Kerr: Caprichos. Strophen des Nebenstroms. Berlin: Verlag J. M. Spaeth, 1926.

Der Schlusseffekt wird sichtbar sein,
Der Deutsche, der nimmt alles ein,
Und der Franzose übergibt sich –
Genau wie 1870.

Ein Lied voller Überheblichkeit und ganz ohne Wohlklang! Aber ach, es macht deutlich, warum Hoffmann von Fallerslebens Lied „Deutschland, Deutschland, über alles" damals so gern gesungen wurde – und zwar in einem Sinne, der Hoffmanns Intention gründlich widerspricht; der ihm von Fanatikern und Böswilligen aber immer noch unterstellt wird.

Reutters und Schröders Lied ist heute vergessen, und auch damals war es nicht weitverbreitet. Dagegen gehörten Hoffmann von Fallerslebens Lied an die Deutschen ebenso wie Luthers Choral „Ein feste Burg ist unser Gott" und die Kaiserhymne „Heil dir im Siegerkranz!" zu den meist gesungenen Liedern beim Ausbruch des Ersten Weltkriegs. Ein schwacher Trost![53]

Denn wir fahren gegen Engeland

Als Beispiel für die Verharmlosung des Leids im Krieg möge Hermann Löns' patriotisches Lied „Denn wir fahren gegen Enge(l)land" dienen. Der Heidedichter reimte sein Leichtsinnslied 1914. Es hört sich so an, als scheide ein Bräutigam von seiner Braut, weil er auf Wanderschaft gehen muss. Bezeichnenderweise beginnt die erste Zeile mit „Heute wollen wir ein Liedlein singen". Liedlein! Ein nach Beschönigung klingender Diminuitiv.

Heute wollen wir ein Liedlein singen,/
Trinken wollen wir den kühlen Wein,/
Und die Gläser sollen dazu klingen;
Denn es muss, es muss geschieden sein.

53 Stefan Hanheide, Dietrich Helms, Claudia Glunz und Thomas F. Schneider (Hg.): Musik bezieht Stellung. Funktionalisierungen der Musik im Ersten Weltkrieg. Osnabrück: Universitätsverlag, V&R unipress, 2013.

Refrain:
Gib mir deine Hand, deine weiße Hand!
Leb' wohl, mein Schatz, leb wohl;
Denn wir fahren, denn wir fahren,
Denn wir fahren gegen Engeland.

Refrain

Un're Flagge und die wehet auf dem Maste,
Sie verkündet uns'res Reiches Macht;
Denn wir wollen es nicht länger leiden,
Dass der Englischmann darüber lacht.

Refrain

Kommt die Kunde, dass ich bin gefallen,
Dass ich schlafe in der Meeresflut:
Weine nicht, mein Schatz, und denke:
Für das Vaterland, da floss sein Blut.

Refrain[54]

54 Das Löns-Liederbuch, herausg. von Hanns Heeren und Otto Koch. Neu bearbeitet von Hermann Engel, 3. Aufl., Wolfenbüttel: Verlag Zwißler, 1920.

Zweiter Weltkrieg

In einer Reichstagsrede entfacht Reichskanzler Adolf Hitler am 1. September 1939 den Zorn der Deutschen über einen Überfall auf den Sender Gleiwitz, den er selbst inszeniert hatte, und die Wut über Angriffe von Polen auf Volksdeutsche im neutralen Korridor (Kondor) bei Danzig. Er teilte der deutschen Bevölkerung mit: „Seit 5.45 Uhr wird jetzt zurückgeschossen." Dann führte er aus, was er von jedem erwartete: „So wie ich selber bereit bin, jederzeit mein Leben einzusetzen ... für mein Volk und für Deutschland, so verlange ich dasselbe auch von jedem anderen. Wer aber glaubt, sich diesem nationalen Gebot, sei es direkt oder indirekt, widersetzen zu können, der fällt! Verräter haben nichts zu erwarten als den Tod!"

Als Reichspräsident war Hitler der Kriegsherr, Oberbefehlshaber der Wehrmacht, dem alle drei Kriegsgattungen, das Oberkommando des Heeres, das Oberkommando der Marine und das Oberkommando der Luftwaffe unterstellt waren. Der ehemalige Gefreite verlangte von seinen Generälen und Admiralen, dass sie seinen Befehlen gehorchten. Aber der unumschränkte Diktator erwartete auch, dass man ihm in allen inneren Angelegenheiten folge.

Jetzt erfahren Hitlers Anhänger – und das waren mehr, als es hinterher wahrhaben wollten –, was es bedeutete, wenn er sie singen ließ:

Wir standen für Deutschland auf Posten
Und hielten die große Wacht.
Nun hebt sich die Sonne im Osten
Und ruft die Millionen zur Schlacht.

Refrain:
Von Finnland bis zum Schwarzen Meer:
Vorwärts, vorwärts!
Vorwärts nach Osten, du stürmend Heer!
Freiheit das Ziel, Sieg das Panier!

Führer befiehl, wir folgen dir,
Führer befiehl, wir folgen dir!

Der Text stammt von Norbert Schultze, der auch die Melodie für das Luftwaffenlied „Bomben auf Polenland“ komponierte (1939). Den Text lieferte Wilhelm Stöppler. Als der Krieg nach Abschluss des Überfalls auf Polen gegen England und Frankreich weiterging, wurde das Bombenlied entsprechend umgedichtet:

Bomben auf Engeland

Wir fühlen in Horsten und Höhen
Des Adlers verwegenes Glück!
Wir steigen zum Tor der Sonne empor,
Wir lassen die Erde zurück.
Kamerad! Kamerad!
Der Befehl ist da: Wir starten!
Kamerad, Kamerad!
Die Losung ist bekannt:
Ran an den Feind!
Bomben auf Engeland.

Hört ihr die Motoren singen:
Ran an den Feind!
Hört ihr's in den Ohren klingen:
Ran an den Feind!
Bomben, Bomben, Bomben auf Engeland,
Bomben, Bomben, Bomben auf Engeland!

Frankreich-Lied:
Vorwärts, vorwärts, über die Maas!

Im Mai 1940 begann der „Westfeldzug“, der überraschend schnell schon nach acht Monaten abgeschlossen werden konnte, weil die deutsche Wehrmacht unter Verletzung der Neutralität der Benelux-Staaten (Belgien, Niederlande, Luxemburg) von Norden her nach Frankreich eindrang. Ein Paukenschlag, der ebenfalls von Tschinderassassa begleitet wurde:

Kamerad, wir marschieren gen Westen,
Mit Bombengeschwadern vereint,
Und fallen auch viele der Besten,
Wir schlagen zu Boden den Feind!

Vorwärts, vorwärts, voran!
Über die Maas, über Schelde und Rhein
Marschieren wir siegreich nach Frankreich hinein, hinein
Marschieren wir siegreich nach Frankreich hinein.[55]

Sogar das alte Soldatenlied „Musketier seins lustge Brüder“ wurde wieder ausgegraben.

1. Soldaten, das sind lust'ge Brüder,
Haben guten Mut,
Singen allzeit frohe Lieder,
Sind von Fleich und Blut.

3. Unser Kaiser steigt zu Pferde,
Zieht mit uns ins Feld,
Siegreich woll'n wir Frankreich schlagen
Streiten als ein Held.
– *Verfasser unbekannt*

55 Geschrieben am 10. Mai 1940.

„Feindhören"

Mein Vater war damals noch zu Hause, Lehrer an der Mittelschule in Wesselburen. Er musste viele Überstunden leisten, „damit der Laden läuft". Um sich von der Arbeit zu erholen, widmete er sich seiner Lieblingsbeschäftigung, dem Gärtnern. Ich durfte ihm dabei helfen und wunderte mich, dass er immer wieder dasselbe Beet umgrub. Es grenzte an den Nachbargarten, der Pastor Arnold Lensch von der Bartholomäus-Kirche gehörte, und war nach allen Seiten gut abgeschirmt. Sobald der wackere Gottesmann meinen Vater erblickte, drehte er sein Radio auf volle Lautstärke und stellte die Nachrichtensendungen ein, auch die von englischen und französischen Sendern. So erfuhr mein Vater, wie britische und französische Journalisten beurteilten, was in Deutschland und der Welt vor sich ging. Deren Nachrichten und Kommentare waren auch nicht immer frei von Vorurteilen; aber immerhin aufschlussreicher als das, was man von deutschen Zeitungen und Rundfunksendern erfuhr.

Das „Feindhören" war ein „Rundfunkverbrechen", das streng bestraft wurde.[56]

Als die Hölle brannte

Je länger der Krieg dauerte, desto tiefer sank der Mut. Die Alliierten drehten den Spieß um und drangen nach Deutschland vor. Sie schreckten vor nichts zurück, um die Moral der deutschen Zivilbevölkerung zu brechen. 1943 einigten sich der US-amerikanische Präsident Franklin D. Roosevelt und der britische Premierminister Winston Churchill auf eine gemeinsame Strategie: Tagsüber flogen die Amerikaner Präzisionsangriffe auf Schlüsselziele wie Ölraffinerien, Rüstungsbetriebe und Verkehrswege. Nachts machten die Briten mit ihren Flächenbombardements aus Deutschland einen Trümmerhaufen.[57]

56 Michael Hensle: „Rundfunkverbrechen" vor nationalsozialistischen Sondergerichten. Diss., Technische Universität Berlin, 2001.

57 Winston Churchill: Der zweite Weltkrieg. 6 Bde. Bern: Scherz-Verlag, 1949–1954. Nachdruck: Fischer Taschenbuch, Frankfurt am Main, 2003. Siehe auch: David Irving: Schlachten aus Blut und Hass. Churchills Krieg 1942–43. Kiel: Verlag Arndt, 2010.

Der Zug, mit dem ich von Wesselburen nach Heide/Holstein zur Schule fuhr, wurde mehrmals von britischen Tieffliegern beschossen. Meine Tante Hilde, die mit ihren vier Kindern – das fünfte, Gesine, war auf der Flucht aus Westpreußen gestorben – bei Verwandten in Hamburg Unterschlupf fand, musste erfahren, dass sie auch dort nicht sicher war: Eine Sprengbombe fiel in den Garten des Hauses, in dem sie abgestiegen waren. Noch einmal mit heiler Haut davongekommen, flüchteten sie Hals über Kopf weiter nach Wesselburen. Bei uns erwartete sie nach der Hamburger Vorhölle die Hölle. *Hölle* nannten wir die Erdölraffinerien in Hemmingstedt bei Heide. Wir konnten sie fast jede Nacht brennen sehen.

Für die Bombenangriffe auf Erdölraffinerien bringe ich Verständnis auf. Aber man muss es einmal deutlich sagen: Die Luftangriffe auf Großstädte, besonders die auf Dresden und Hamburg, waren Kriegsverbrechen.

Unschuldige Musik gab es nicht mehr

Die Durchhalte-Politiker der Nationalsozialisten versuchten, die Bevölkerung mit Liedern bei Laune zu halten. Sie griffen für ihre Propaganda auf das Arsenal der alten Volks- und Soldatenlieder zurück. Unschuldige Musik gab es nicht mehr.[58]

58 Patrick Bade: Music Wars 1937–1945. Propaganda, Götterfunken, Swing: Musik im Zweiten Weltkrieg. 1. überarbeitete Aufl. Hamburg: Laika-Verlag, 2015. Übersetzt von Heike Warth. ISBN 978-3-944233-41-3. Siehe auch: Dimitrios Dolapris: Musik als Propagandainstrument im Nationalsozialismus. Baden-Baden: Tectum-Verlag, 2019; Niko Lamprecht: Musik im Nationalsozialismus. Ideologie, Propaganda, Widersprüche (= Geschichtsunterricht praktisch). Schwalbach im Taunus, 2015; Anne Niessen: „Die Lieder waren die eigentlichen Verführer!" Mädchen und Musik im Nationalsozialismus. Diss. Köln, Hochschule für Musik, 1998. Veröffentlicht im Schott-Verlag, Mainz, London u. a.

Hitler-Gottesdienst: Deutschland, heiliges Wort

Die Nationalsozialisten hatten es gern weihevoll. Daher knüpften sie an christliche Vorbilder an, die sie aber radikal säkularisierten: statt Jesus Christus Adolf Hitler als charismatischer Führer; statt des Paradieses im Jenseits das Elysium im Diesseits:

> Deutschland, heiliges Wort,
> Du voll Unendlichkeit!
> Über die Zeiten fort
> Sei du gebenedeit.
> Heilig sind deine Seen,
> Heilig dein Wald
> Und der Kranz deiner stillen Höh'n
> Bis an das grüne Meer.[59]

Die nimmermüde Propaganda rief das „Tausendjährige Reich" der verbrecherischen Himmelsstürmer auf Erden aus. Den Nationalsozialisten genügten zwölf Jahre, um Europa in Unglück und Verderben zu stürzen.

Vorwärts, Vorwärts

Der Imperativ „Vorwärts" ertönte verdächtig oft in den Liedern der Nationalsozialisten. Am Anfang des Zweiten Weltkriegs mag das noch verständlich gewesen sein. Auf Norberts Schultzes Lied „Vorwärts, vorwärts nach Osten" folgte am 10. Mai 1940 das Frankreich-Lied mit der Parole „Vorwärts, vorwärts über die Maas!" Aber auch, als es an allen Fronten rückwärts ging, wurde „Vorwärts" gerufen – nicht nur „im Felde" sondern auch an der „Heimatfront".

Theodor Körnes „Trinklied" mit seinem Appell „Vorwärts auf Leben und Sterben, Brüder trinkt aus!", das schon vor Ausbruch des Ersten Weltkriegs

59 Text: Eberhard Wolfgang Möller; Melodie Georg Blumensaat, 1936.

wieder ausgekramt worden war, feierte auch im Zweiten Weltkrieg fröhliche Urständ. Das Wandervogellied „Wir sind jung, die Welt ist offen“ mit seinem Aufruf: „Vorwärts drängen, aufwärts blicken!“ erlebte eine Renaissance. Die nationalsozialistischen Durchhalte-Propagandisten werden auch August Hermann Frankes Lied „Nun aufwärts froh den Blick gewandt“ gekannt haben, das ganz dem Muster entspricht, den „Führer“ Adolf Hitler an die Stelle von Gott oder von Jesus Christus zu setzen:

Nun aufwärts froh den Blick gewandt
und vorwärts fest den Schritt!
Wir gehen an unsers Meisters Hand,
Und unser Herr geht mit.

So lautet die erste Strophe, und die vierte fährt fort:

So steigt ihr frei mit ihm hinan
Zu lichten Himmelshöhn.
Er uns vorauf, er bricht uns Bahn –
Wer will ihm widerstehn?[60]

In dieses Schema passt auch ein Turner- und Bergwanderlied aus dem Jahr 1913, dessen Verfasser unbekannt ist. Allerdings fehlt mir jeder Beleg dafür, ob die Nationalsozialisten das Bergwanderlied gekannt haben. Dessen letzte Strophe lautet:

Immer vorwärts auf die Höhen!
Frische Luft macht frisches Blut,
Und wer das im Herzen spüret,
Hat zum Handeln frohen Mut.
In den Sümpfen und Morästen
Wohnet nur der Unken Schar,

60 August Hermann Franke, 1889. In: Evangelisches Gesangbuch. Verlag Evangelischer Medienverband Kassel, 4. Aufl., Nr. 394.

Doch auf unsern deutschen Bergen
Werden Seel und Auge klar.

Ist das Ziel auch noch so hoch, Jugend zwingt es doch

Das bekannteste Vorwärtslied der Nationalsozialisten ist der Wachmacher „Uns're Fahne flattert uns voran“ aus dem Jahr 1933:

Vorwärts, vorwärts! schmettern die hellen Fanfaren,
Vorwärts, Vorwärts! Jugend kennt keine Gefahren.
Deutschland, du wirst leuchtend stehn,
Mögen wir auch untergehn.

Refrain:
Uns're Fahne flattert uns voran,
In die Zukunft ziehn wir Mann für Mann,
Wir marschieren für Hitler
Durch Nacht und durch Not
Mit der Fahne der Jugend
Für Freiheit und Brot.

Vorwärts, vorwärts! schmettern die hellen Fanfaren,
Vorwärts, vorwärts, Jugend kennt keine Gefahren,
Ist das Ziel auch noch so hoch,
Jugend zwingt es doch!

Refrain.[61]

61 Niko Lamprecht: Musik im Nationalsozialismus, a. a.O, S. 7.

Der Text stammt in der oben wiedergegebenen Version von Reichsjugendführer Baldur von Schirach; vertont hat ihn der Ufa-Filmkomponist Hans-Otto Borgmann. Es war das Titellied zum Propagandafilm „Hitlerjunge Quex".

Ein trauriges Kapitel bilden die Lieder der Wandervögel. Schon im Ersten Weltkrieg war die erste Blüte der Bündischen Jugend verblüht. Viele Wandervögel sind im Krieg gefallen; andere wandten sich nach ihren bitteren Kriegserlebnissen von der Jugendbewegung ab. Bei der Machtübernahme der Nationalsozialisten wurden die verbliebenen Gruppen verboten oder, meist zwangsweise, in die Hitlerjugend überführt.[62] Viele der Wandervogellieder übernahmen die Nationalsozialisten. Zum Beispiel:

Wenn am blauen Himmel hoch die Wolken treiben,
Weiße Wolken spannen, die der Lenzwind braucht,
Kann der Wandervogel nicht zu Hause bleiben,
Dem der Wind, der freie, in den Flügeln rauscht.

Das Wort *Wandervogel* brauchte nur durch das Wort *Hitlerjunge* ersetzt zu werden.

Oder:

Wir sind jung, die Welt ist offen,
O du schöne weite Welt!
Unser Sehnen unser Hoffen
Zieht hinaus durch Wald und Feld.
Bruder, lass den Kopf nicht hängen,
Kannst ja nicht die Sterne seh'n!
Aufwärts blicken, vorwärts drängen:
Wir sind jung, und das ist schön!

62 Hermann Giesecke: Vom Wandervogel bis zur Hitlerjugend. München: Juventa-Verlag, 1981; Werner Helwig: Die Blaue Blume des Wandervogels. Vom Aufstieg, Glanz und Sinn einer Jugendbewegung. Überarbeitete Neuausgabe, hg. von Walter Sauer. Baunach: Spurbuch-Verlag, 2020.

Die Nationalsozialisten wollten jung und optimistisch wirken. Deshalb schrieb sich die Hitler-Jugend das Lied „Wir sind jung, die Welt ist offen" gern auf ihr Panier.

Lagerfeuer-Romantik

Manche Weisen der Bündischen Jugend wurden von der HJ abends am Lagerfeuer gesungen. Die Fahrten- und Flammenlieder beginnen ganz unbefangen; aber wie so oft legen sie in der letzten Strophe ein Bekenntnis zum Vaterland ab und bezeugen die persönliche Opferbereitschaft:

Fahrt zur Wintersonnenwend'
Unter den Schiern singt der Schnee,
Er pfeift und knirscht.
Die schwarzen Tannen gespenstig drohen
Im flackernden Feuer im Schein der Fackel,
Die fast erlischt.

Eisige Flocken, Nebelfetzen,
Stoß auf Stoß.
Wie wilde Jagd kommt es gezogen,
Die Bäume stürzen,
Brechen und stürzen im wütenden Sturm.

Habt Mut, ihr Brüder, ihr braven Kämpfer,
Ermüdet nicht.
Und seid ihr auch vereist, verfroren,
Das Herz ist heiß
Und glüht zur Feier des steigenden Lichts.

Dort bei den Flammen werden wir finden
Unsre Ruh'.

Feiern woll'n wir, spielen und singen
Für uns're Wälder, für uns're Heimat:
Deutschland, du.[63]

Schließ Aug' und Ohr

Schließ Aug' und Ohr für eine Weil'
Vor dem Getös' der Zeit.
Du heilst es nicht und hast kein Heil,
Als wo dein Herz sich weiht.

Dein Amt ist hüten, harren, seh'n,
Im Tag die Ewigkeit,
Du bist schon so im Weltgescheh'n
Befangen und befreit.

Die Stunde kommt, da man dich braucht;
Dann sei du ganz bereit,
Und in das Feuer, das verraucht,
Wirf dich als letztes Scheit![64]

Nach dem Zweiten Weltkrieg lebten die Wandervogellieder wieder auf. Auch meine Klassenkameraden und ich haben am Lagerfeuer Lieder der Bündischen Jugend gesungen. Ich habe davon sogar einen Linolschnitt geschabt, der mich im flackernden Licht zeigt. Aber wir haben keine patriotischen Lieder intoniert, sondern Lieder über das Wandern, Zelten und Klampfen am Lagerfeuer.

63 Der Tag verglüht im Abendrot, a. a. O., S.18 f.

64 Der Tag verglüht, a. a. O.; S. 24.

Ham se nich den kleinen Cohn gesehn?

Ein Kapitel für sich ist auch der Antisemitismus in der Kunst, auf den hier nur ein Streiflicht fallen kann. Über den Antisemitismus in der Bildenden Kunst ist viel geschrieben worden. Siehe Reumann: Das antithetische Kampfbild, Diss. sowie Reumann: Martin Luther und sein Doktorvater Karlstadt (In Vorbereitung). Dagegen ist über den Antisemitismus im Lied weniger bekannt.

Ich verweise nur auf das Spottlied „Ham se nich den kleinen Cohn gesehn?"

Zum politischen Hintergrund:

Am 9. und 10. November 1938 zerstörten nationalsozialistische Gewalttäter Hunderte Synagogen, jüdische Versammlungsräume und Friedhöfe sowie Tausende von jüdischen Geschäften. Hunderte wehrlose Juden wurden ermordet oder nahmen sich das Leben. In den Tagen nach der Pogromnacht wurden etwa 27 000 jüdische Männer in Konzentrationslager verschleppt. Die „Reichskristallnacht" (nach den zersprungenen Fensterscheiben) markierte den Übergang von der Diskriminierung der Juden seit 1933 bis zu ihrer systematischen Vertreibung. Es war die Vorstufe zum Holocaust, d. h. zur Vernichtung der Juden in den Gaskammern der Konzentrationslager.

Zu denen, die den nationalsozialistischen Machthabern halfen, die Verfolgung und Ermordung der Juden zu rechtfertigen und zu verniedlichen, gehörten „Die drei Rulands". Am 23. November 1938, also wenige Tage nach der „Kristallnacht", traten sie in einer Kabarettsendung mit folgendem Lied auf:

Ham Se nich den kleinen Cohn gesehn?
Ham Se'n in der Inflation gesehn,
Wie er Dollars raffte,
Jede Schiebung schaffte?
Es diente seinem Zweck
Selbst noch der kleinste Dreck!
Denn in der Kunst wie in der Konfektion,
Überall hat sonst der kleine Cohn
Sein Geschäft verrichtet,
Ware aufgeschichtet.

Doch heut' weiß Hinz und Kunz:
Damit ist Schluss bei uns.[65]

Die drei Rulands hatten ein Couplet von Julius Einödshofer umgedichtet, das 1902 zum „Schlager der Saison" avancierte:

Zu einer Illumination
Geht auch mit einer Maid Herr Cohn.
Die Maid glüht für Herrn Cohn gar sehr,
Fast mehr als rings das Flammenheer.
Deshalb ist doppelt groß der Schreck,
Als plötzlich Cohn von ihr war weg.
Das kam daher, weil er geseh'n,
Die liebe Ehehälfte geh'n.
Die Maid ist trostlos, ganz verzagt,
Und geht zum Schutzmann hin und fragt:

Refrain:
Hab'n Sie nicht den kleinen Cohn geseh'n,
Sah'n sie ihn denn nicht vorübergeh'n?
In des Volkes Menge
Kam er ins Gedränge;
Da hab'n Sie nun den Schreck,
Der Cohn ist weg!

Margret Boveri, meine um 24 Jahre ältere Kollegin, die zu meiner aktiven Zeit zum Mitarbeiterkreis der F. A. Z. gehörte, beschreibt in ihrem Buch „Wir lügen alle", wie aus einem Zufallsprodukt ein Ohrwurm wurde: „Um die Jahrhundertwende ging während der Pause im Apollo-Theater (zu Berlin) der kleine Mann im Gedränge verloren, seine Freundin rief in die Menge: ‚Habt ihr nicht

65 Fritz Backhaus: Hab'n Sie nicht den kleinen Cohn geseh'n? Ein Schlager der Jahrhundertwende. In: Helmut Gold und Georg Heuberger (Hg.): Abgestempelt. Judenfeindliche Postkarten. Frankfurt/Main 1999, S. 235–240.

den kleinen Cohn gesehen?‘ Der Ruf setzte sich von Mund zu Mund durch die Foyers fort und schwoll zum Chor an. Die Mitglieder des Ensembles nahmen ihn auf, gaben ihm eine Melodie, was man in meiner Kindheit vor dem Ersten Weltkrieg noch einen Gassenhauer nannte …“ (Margret Boveri: Wir lügen alle. 1965: Verlag Olten, S. 20.)

Wir haben in Wesselburen an der Waterkant den Evergreen mit ganz anderen Gefühlen gesungen. Der kleine Cohn war für uns kein klein gewachsener Luftikus, sondern ein kleiner Junge, der, wie mein Vetter Wilhelm auf der Flucht aus Westpreußen, seine Mutter im Gedränge eines Bahnhofs verloren hatte. Deshalb intonierten wir:

Habt ihr nicht den kleinen Cohn geseh’n,
Saht ihr ihn denn nicht vorübergeh’n?
Ach, du lieber Schreck, der kleine Cohn ist weg!

Wie unser Text weiterging, weiß ich nicht mehr. Nur dass das gute Ende bejubelt wurde:

Welch ein Glück, hipp hipp hurra:
Der kleine Cohn ist wieder da!

Erst die Nationalsozialisten haben aus dem schillernden Fuzzi eine antisemitische Hassfigur gemacht.

Antikriegslieder

Die fröhlichen Lieder blieben den Deutschen in der Kehle hängen. Stattdessen wurden Antikriegslieder wie „Zogen einst fünf wilde Schwäne“, „Lilli Marleen“ und „Maikäfer, flieg“ populär.

Maikäfer, flieg,
Dein Vater ist im Krieg,
Deine Mutter ist in Pommerland,

Pommerland ist abgebrannt,
Maikäfer, flieg!

Eine typische Wiegenlied-Melodie, die beruhigen soll. Aber der Text! Er scheint so gar nicht dazu zu passen. Der Vater ist im Krieg, die Mutter in Pommerland. Zwei Kinder, allein zurückgelassen. Der Maikäfer soll sie suchen. Das ältere Kind singt dem jüngeren das Lied vor, wiegt es in den Armen, um es über die Abwesenheit der Eltern hinwegzutrösten. Wie alt das Lied ist, ist umstritten. Wahrscheinlich stammt es aus dem Dreißigjährigen Krieg (1618–1648), in dem große Teile Pommerns verwüstet wurden. Plünderei und Brandschatzung waren noch die geringsten Übel. Der frühere Bundespräsident Roman Herzog hat davon gesprochen, die Erinnerung an die Verheerungen und die Toten seien „das deutsche Trauma“. Bis heute. Viele Lieder bestätigen das. (Siehe Kurt Reumann: Deutsche Männer, deutsche Frauen.)

In Zeiten vaterländischer Hochstimmung, zu Kampf und Heldentod aufrufen, bleibt es marginal. Aber je länger ein Krieg dauert und je mehr Leid er über die Menschen bringt, desto mehr Anklang finden friedliche Töne. Oft fanden Antikriegslieder zu spät Gehör.

Lili Marleen, das bekannteste Soldatenlied des Zweiten Weltkriegs, scheint dieser Devise Hohn zu sprechen. Noch immer wird darüber gestritten, ob der Evergreen wie ein strammes Marschlied oder wie ein sentimentaler Schlager zu singen sei. Den Text hat der Dichter Hans Leip (1893–1983) schon 1915 im Ersten Weltkrieg vor seiner Abfahrt an die russische Front verfasst, aber erst 1937, kurz vor Ausbruch des Zweiten Weltkriegs, in den Gedichtband „Die kleine Hafenorgel“ aufgenommen:

Vor der Kaserne,
Vor dem großen Tor,
Stand eine Laterne,
Und steht sie noch davor,
So wollen wir da uns wiedersehn,
Bei der Laterne woll’n wir steh’n
Wie einst Lili Marleen,
Wie einst Lili Marleen.

Uns're beiden Schatten
Seh'n wie einer aus.
Daß wir so lieb uns hatten,
Das sah man gleich daraus.
Und alle Leute sollen seh'n,
Wenn wir bei der laterne steh'n
Wie einst Lili Marleen …

Schon rief der Posten,
Sie blasen Zapfenstreich.
Es kann drei Tage kosten,
Kam'rad, ich komm sogleich!
Da sagten wir auf Wiedersehn.
Wie gerne wollt' ich mit dir geh'n,
Mit dir, Lili Marleen!

Deine Schritte kennt sie,
Deinen zarten Gang;
Alle Abend brennt sie,
Doch mich vergaß sie lang.
Und sollte mir ein Leid gescheh'n,
Wer wird bei der Laterne steh'n
Mit dir, Lili Marleen?

Aus dem stillen Raume,
Aus der Erde Grund
Hebt mich wie im Traume
Dein verliebter Mund.
Wenn sich die späten Nebel dreh'n,
Werd' ich bei der Laterne steh'n
Wie einst Lilli Marleen.

Zu Weltruhm hat erst die deutsche Sängerin und Schauspielerin Lale Andersen (1905–1972) dem Dauerbrenner verholfen. Sie hat sich nie damit anfreunden können, dass sie das Lied 1939 nach der neuen Melodie des Komponisten Norbert Schultze singen sollte (dezenter Marschrhythmus!); vielmehr hätte sie die ältere Chanson-Version des Hindemith-Schülers Rudolf Zink vorgezogen. Trotzdem hat sich Schulzes Version durchgesetzt. Sie steht auch im Liederbuch der Bundeswehr „Kameraden singt!" (letzte Auflage von 1991, S. 74 f.). Schließlich sollen die Soldaten ja nicht träumen, sondern marschieren!

Aber wahrscheinlich waren es doch der melancholische Sound, den Lale Andersen dem Song allen zum Trotz verlieh, und die Worte über Abschied, Trennung und ungewisse Heimkehr, die das Lied zu einem Schlager in den Kasinos und Schützengräben machten, auch in denen der Alliierten. Der Reichsrundfunk verbreitete von 1942 an auch eine englischsprachige Fassung. Marlene Dietrich griff die Anregung begeistert auf und sang den Hit vor amerikanischen Soldaten.

Das entwaffnentste Anti-Kriegslied, das ich kenne, kommt aus der Danziger Bucht:

Zogen einst fünf wilde Schwäne,
Schwäne leuchtend weiß und schön.
„Sing, sing, was geschah?"
Keiner ward mehr gesehn.

Wuchsen einst fünf junge Birken
grün und frisch an Baches Rand
„Sing, sing, was geschah!"
Keine in Blüten stand.

Zogen einst fünf junge Burschen
stolz und kühn zum Kampf hinaus.
„Sing, sing, was geschah?"
Keiner kehrt nach Haus.

Wuchsen einst fünf junge Mädchen
schlank und schön am Memelstrand.

„Sing, sing, was geschah?“
Keins den Brautkranz wand.
Text und Musik: Verfasser unbekannt

19. Vorschlag: Maßmanns Gelübde

Damit ist Schluss bei uns! Nach dem Zweiten Weltkrieg wollte niemand mehr etwas vom Horst-Wessel-Lied hören, das nach Hitlers Machtübernahme 1933 de facto als zweite deutsche Nationalhymne gedient hatte und nach der ersten Strophe des *Deutschlandlieds* gesungen wurde: „Die Fahne hoch, die Reihen fest geschlossen!“ Der Staatsrechtler Carlo Schmid, einer der Väter des Grundgesetzes und des Godesberger Programms der SPD, sagte am 29. September 1949 im Deutschen Bundestag, was viele in seiner Partei dachten: „Wir wollen kein Lied zur Nationalhymne haben, das dadurch entehrt worden ist, dass dieses Volk es zwölf Jahre lang zur ersten Strophe des Horst-Wessel-Lieds degradiert hat.“ Horst Wessel, Sturmführer der paramilitärischen Sturmabteilung (SA) der Nationalsozialistischen Deutschen Arbeiterpartei (NSDAP), ist von der nationalsozialistischen Propaganda zum „Märtyrer der Bewegung“ stilisiert worden, nachdem er 1930 von KPD-Mitgliedern getötet worden war.

Auch das Hitlerjugend-Lied „Vorwärts, vorwärts! schmettern die hellen Fanfaren“ hatte ausgedient. Daher erinnerte man sich des unverdächtigen Studentenlieds „Ich hab mich ergeben mit Herz und mit Hand“ von Hans Ferdinand Maßmann:

Gelübde

Ich hab mich ergeben mit Herz und mit Hand,
Dir Land voll Lieb und Leben,
Mein deutsches Vaterland,
Dir Land voll Lieb und Leben,
mein deutsches Vaterland.

Mein Herz ist entglommen,
Dir treu zugewandt,
Du Land der Frei'n und Frommen,
Du herrlich Hermannsland!

Du Land, reich an Ruhme,
Wo Luther erstand,
Für deines Volkes Tume
Reich ich mein Herz und Hand.

Will halten und glauben
An Gott fromm und frei,
Will, Vaterland, dir bleiben
Auf ewig fest und treu.

Ach, Gott, tu erheben
Mein jung' Herzensblut
Zu frischem freud'gen Leben,
Zu freiem, frommen Mut!
Lass Kraft mich erwerben
In Herz und in Hand,
Zu leben und zu sterben
Fürs heil'ge Vaterland![66]

Maßmanns Gelübde feiert Deutschland als „Hermannsland", und es erinnert an Martin Luther und dessen Verdienste für „des Volkes Tume". Man darf darüber rätseln, was Tume hier bedeuten soll. Eigenart? Volkscharakter? Hermannsland. Hermann (Arminius), Fürst der Cherusker, hatte den Römern in der Varus-Schlacht (9 n. Chr.) eine verheerende Niederlage beigebracht und galt vielen Dichtern als Symbolfigur für den deutschen Gründungsmythos.

66 Text: Hans Ferdinand Maßmann, 1820. Melodie: August Daniel von Binzer nach einer Thüringischen Volksweise. Sie wurde von Johannes Brahms als Leitmotiv in dessen Akademische Festouvertüre aufgenommen.

Bei feierlichen Anlässen wie der Verkündung des Grundgesetzes am 23. Mai 1949 und der konstituierenden Sitzung des ersten Deutschen Bundestags am 7. September 1949 ersetzte die erste Strophe des Lieds „Ich hab mich ergeben“ die Nationalhymne.[67]

Allerdings konnte Maßmanns „Gelübde“ nie ganz den Eindruck verwischen, nur ein Ersatz zu sein, zumal es ihm an poetischer Originalität fehlt. Daher spannten Wohlmeinende alle Kräfte des Verstandes und des Gefühls an, eine Hymne zu präsentieren, die bei der Bevölkerung und in der Politik mehr Anklang finde. Bundespräsident Theodor Heuss teilte 1949 mit, ihm lägen etwa 300 Vorschläge vor, und es hat sicher noch mehr gegeben: an die tausend.

20. Vorschlag: Der Trizonesien-Song

Als Ersatzhymnen dienten in jener Zeit nicht nur bei Staatsempfängen, sondern auch bei Sportveranstaltungen mehr oder weniger spontan Verlegenheitslösungen oder Spottlieder – von „In München steht ein Hofbräuhaus“ bis „Heidewitzka, Herr Kapitän!“ Vor allem im schunkelseligen Rheinland machte der Karnevalsschlager „Wir sind die Eingeborenen von Trizonesien“ Furore. Bundeskanzler Konrad Adenauer berichtete anlässlich einer Pressekonferenz, auf der er für die Notwendigkeit einer Nationalhymne warb, von einer komischen Panne bei einem Radrennen auf der Müngersdorfer Radrennbahn zu Köln: Nachdem die Kapelle die belgische Nationalhymne gespielt hatte, stimmte sie in Ermangelung einer offiziellen deutschen Hymne das Lied aus dem Dreizonen-Gebilde Trizonesien an. Zahlreiche belgische Soldaten seien aufgestanden und hätten salutiert, weil sie glaubten, das wäre die deutsche Nationalhymne, kommentierte Adenauer mit bissigem Humor. (Jörg Koch, a. a. O., S. 146 f.; Enrico Brissa, a. a. O., S. 224.)

Text und Melodie des Hits aus der Karnevalsaison 1948 stammen von dem Kölner Komponisten und Schlagersänger Karl Berbuer (1900–1977), der

67 Joachim Burkhard Richter: Hans Ferdinand Maßmann. Altdeutscher Patriotismus im 19. Jahrhundert. Berlin/ New York: Verlag Walter de Gruyter, 1992, insbesondere S. 111–121. Es handelt sich um Richters Dissertation, Universität Köln, 1989.

1936 schon das Lied „Heidewitzka, Herr Kapitän“ gedichtet hatte. Der Trizonen-Song entwickelte sich zur heimlichen Nationalhymne der Übergangs-Zeit nach dem Zweiten Weltkrieg, traf er doch die Stimmung im Lande:

Heidi tschimmela

Mein lieber Freund, mein lieber Freund,
Die alten Zeiten sind vorbei.
Ob man da lacht, ob man da weint,
Die Welt geht weiter, eins, zwei, drei.
Ein kleines Häuflein Diplomaten
Macht heut’ die große Politik.
Sie schaffen Zonen, ändern Staaten.
Und was ist hier mit *uns* im Augenblick?

Doch fremder Mann, damit du’s weißt:
Ein Trizonesier hat Humor.
Er hat Kultur, er hat auch Geist –
Darin macht keiner ihm was vor.
Selbst Goethe stammt aus Trizonesien,
Beethovens Wiege ist bekannt.
Nein, so was gibt’s nicht in Chinesien:
Darum sind wir auch stolz auf unser Land.

Refrain:
Wir sind die Eingeborenen von Trizonesien,
Heidi tschimmela tschimmela tschimmela tschimmela bum!
Wir haben Mägedelein mit feurig wildem Wesien,
Heidi tschimmela tschimmela tschimmela tschimmela bum!
Wir sind zwar keine Menschenfresser,
Doch wir küssen umso besser.[68]

68 Jörg Koch: a. a. O., S. 148.

Immerhin küssten die Trizonesier so gut wie alle anderen, und langsam urteilten sie auch wieder mit einem gewissen Stolz über ihr Land. Dem Alliierten Kontrollrat (einem „Häuflein Diplomaten") wünschten die Trizonesier mehr Verständnis dafür. Vom wieder aufkeimenden Selbstbewusstsein der Deutschen und gelegentlicher Kritik an den Besatzungsmächten waren die Alliierten nicht durchweg angetan. Die britische „Times" titelte sogar: „Die Deutschen werden wieder frech." Aber so weit war es noch nicht.

21. Vorschlag: Edwin Redslobs „Deutsche Hymne"

Als Bundespräsident Theodor Heuss im November 1949 zur Verleihung der Ehrendoktorwürde an ihn nach Berlin an die *Freie Universität* kam, sagte der damalige Rektor der Universität, Edwin Redslob, dem Staatsoberhaupt: Bei solchen Anlässen müsse eine feierliche Nationalhymne gesungen werden, und daher erlaube er sich, auch in Reaktion auf die Propagierung einer Ost-Hymne, einen Vorschlag zu machen:

Wir wollen frei und einig sein

Wir Volk am Rheine, an Weser und Elbe,
An Memel, Mosel und Main
Verkünden, treu zueinander, dasselbe:
Wir wollen frei und einig sein!

Die Flüsse rauschen und segnen die Lande,
Und Wald und Feld und Saat gedeihn,
Die Räder kreisen am fördernden Bande,
Der Schächte Gut dem Tag zu weihn.

Die Flüsse rauschen, sie glänzen und tragen
Der Arbeit Segen: Brot und Wein.

Wir wollen schaffen und wägen und wagen,
Ein Volk des Rechts, der Freiheit zu sein.[69]

Bis an die Memel? Das ist eine lange Geschichte. 1949 hatte man noch gehofft, das Memel-Land werde dem Schutz der Vereinten Nationen unterstellt – und das aus guten Gründen. Ursprünglich Kernland des Deutschen Ritterordens, war der Ordensstaat Preußen 1525 in ein weltliches Herzogtum verwandelt worden. Der letzte Hochmeister des Ordens, Albrecht von Brandenburg, wurde zum ersten Herzog des preußisch-litauischen Gebiets, durch das die Memel fließt, bis sie sich in die Ostsee ergießt. Deutschland musste das Memelland 1920 ohne Volksabstimmung an die Alliierten Mächte abtreten („Versailler Vertrag", der aus deutscher Sicht ein Diktat war). An den Memel-Strand erinnert auch das deutsche Anti-Kriegslied „Zogen einst fünf wilde Schwäne … Sing, sing, was geschah, keiner ward mehr gesehen, ja …"

Als ich 1956 an die Freie Universität kam, nahm ich meine Immatrikulationsurkunde bei der Festveranstaltung im Auditorium Maximum aus Redslobs Händen entgegen. Über sein segensreiches Wirken in der Weimarer Zeit erfuhr ich mehr, als ich die Original-Akten über den Prozess gegen George Grosz studierte. Redslob (1884–1973) war kein großer Dichter. Er hatte andere Vorzüge. Als Reichskunstwart der Weimarer Republik hatte er George Grosz nach dem Ersten Weltkrieg erfolgreich gegen den Vorwurf der Gotteslästerung verteidigt. (Wegen dessen Zeichnung „Christus am Kreuz mit Gasmaske" und der Unterschrift „Maul halten und weiter dienen!") Das war ein Husarenstreich, und ich bin nicht sicher, ob Grosz mit seinem Spottbild nicht auch die Kirchen wegen Duckmäuserei hat angreifen (und abschaffen helfen) wollen. Vergleicht man seine Zeichnungen zu dem umstrittenen Thema, staunt man: Radikaler geht es nicht.

69 Jörg Koch: Einigkeit und Recht und Freiheit, a. a. O., S. 145.

22. Vorschlag: Mädle, ruck, ruck, ruck an meine grüne Seite

Was, das soll ein Scherz sein? Aber nein, wo denken Sie hin, lieber Leser! Professor Fritz Eberhard, von 1949 bis 1958 Intendant des *Süddeutschen Rundfunks* in Stuttgart, hat mir die Geschichte erzählt, als er in Allensbach bei seiner Freundin Elisabeth Noelle-Neumann am *Institut für Demoskopie* weilte und ich ihn „betreuen" musste: Zum Sendeschluss um Mitternacht habe im Hörfunk des SDR eigentlich die Nationalhymne erklingen sollen; aber er habe sie durch die von Friedrich Silcher überarbeitete Melodie der Volksweise ersetzen lassen, nach der das alte „schwäbische Nationallied" *Mädle, ruck, ruck, ruck an meine grüne Seite* gesungen wurde. Das habe natürlich jeden, der den Text kannte, amüsiert.

Mädle, ruck, ruck, ruck an meine grüne Seite,
Hab di gar so gern, kann di leide.
Mädle …

Bist so lieb und gut,
Schön wie Milch und Blut!
Mädle …

Du musst bei mir bleibe,
Mir die Zeit vertreibe.
Mädle ruck, ruck, ruck …

23. Vorschlag: Auferstanden aus Ruinen

Nachdem sich am 23. Mai 1949 die *Bundesrepublik Deutschland* konstituiert hatte, wurde am 7. Oktober die *Deutsche Demokratische Republik* gegründet. Wilhelm Pieck, Vorsitzender der *Sozialistischen Einheitspartei Deutschlands* (SED) und erster Präsident der DDR, beauftragte kurz vor der offiziellen Gründung den kommunistischen Dichter Johannes R. Becher, eine Nationalhymne für den neuen Staat zu verfassen. So entstand in aller Eile die Hymne „Auferstanden aus Ruinen“, zu der der in Ost-Berlin wohnende österreichische Komponist Hanns Eisler, ein Freund Bert Brechts, die Melodie beisteuerte:

Auferstanden aus Ruinen
Und der Zukunft zugewandt,
Lass uns dir zum Guten dienen,
Deutschland, einig Vaterland.

Alte Not gilt es zu zwingen,
Und wir zwingen sie vereint,
Denn es muss uns doch gelingen,
Dass die Sonne schön wie nie
Über Deutschland scheint.

Glück und Friede sei beschieden
Deutschland, unserm Vaterland!
Alle Welt sehnt sich nach Frieden.
Reicht den Völkern eure Hand!

Wenn wir brüderlich uns einen,
Schlagen wir des Volkes Feind.
Lasst das Licht des Friedens scheinen,
Dass nie eine Mutter mehr
Ihren Sohn beweint.

Lasst uns pflügen, lasst uns bauen,
Lernt und schafft wie nie zuvor,
Und der eignen Kraft vertrauend
Steigt ein neu Geschlecht empor.[70]

70 Heike Amos: Auferstanden aus Ruinen – die Nationalhymne der DDR 1949–1990. Berlin: Dietz-Verlag, 1997; Koch, a. a. O., S. 182 f.; Brissa, a. a. O., S. 217 f.

In einer Variante heißt es statt „einig" Vaterland „heilig" Vaterland, was an Lieder aus den Befreiungskriegen gegen Napoleon erinnert. Aber nachdem die DDR Ende der Sechzigerjahre das Ziel der Wiedervereinigung aufgegeben hatte, weil die Chance, ein einiges *kommunistisches* Deutschland zu schaffen, eine Utopie blieb, wurde der Text in der Öffentlichkeit nicht mehr erwähnt. Der Dichterfunktionär Johannes R. Becher, der 1954 sogar der erste Kultusminister der DDR geworden war, musste erdulden, dass nur noch die Instrumentalfassung gespielt wurde. Erst während der Wende skandierte „das Volk" bei den Montagsdemonstrationen wieder „Deutschland, einig Vaterland".

Als Bundespräsident Roman Herzog 1995 bei einem Staatsbesuch nach Porto Allegre im Süden Brasiliens kam, spielte die Kapelle der Polizeiakademie zur Begrüßung „Auferstanden aus Ruinen". Herzog, den ich kennengelernt hatte, als er Kultusminister in Baden-Württemberg war und der mich hin und wieder zu Vier-Augen-Gesprächen ins Schloss Bellevue einlud, bevor er sich zu bildungspolitischen Themen äußerte, erzählte mir schmunzelnd: „Das war ein Irrtum, der mir gefallen hat."

24. Vorschlag: Bertolt Brechts Kinderhymne

Am schlichtesten und eindrücklichsten hat Bertolt Brecht in seiner Kinderhymne von 1950 ausgedrückt, wie wir das Deutschlandlied verstanden wissen möchten: „Und nicht über und nicht unter / Andern Völkern wolln wir sein / Von der See bis zu den Alpen, / Von der Oder bis zum Rhein." (Strophe 3. Koch: a. a. O., S. 192.) Das kann man ohne Hemmungen mitsingen. So wie Amerikaner frank und frei die erste Strophe des Heimatlieds von „Woody" Guthrie (1912–1967) singen: „This land is your land, this land is my land/ From California to the New York island,/ From the redwood forest to the Gulf Stream waters,/ This land is made for you and me." Guthrie hat das Deutschlandlied offenbar gekannt.

Kinderhymne

Anmut sparet nicht noch Mühe,
Leidenschaft nicht noch Verstand,
Dass ein gutes Deutschland blühe,
Wie ein andres gutes Land.

Dass die Völker nicht erbleichen
Wie vor einer Räuberin,
Sondern ihre Hände reichen
Uns wie andern Völkern hin.

Und nicht über und nicht unter
Andern Völkern woll'n wir sein,
Von der See bis zu den Alpen,
Von der Oder bis zum Rhein.

Und weil wir dies Land verbessern,
Lieben und beschirmen wir's.
Und das liebste mag's uns scheinen
So wie andern Völkern ihrs.[71]

Auch mein rotarischer Freund Iring Fetscher (1922–2014), international renommierter Marx-Kenner, der u. a. auch die deutschen Märchen umdichtete („Wer hat Dornröschen wachgeküsst?", 1972), hat Brechts Kinderhymne für das schönste Deutschlandlied gehalten: „Es gibt wohl keine Hymne, die die Liebe zum eigenen Land so schön, so rational, so kritisch begründet, und keine, die mit so versöhnlichen Zeilen endet." (Zitiert von Jörg Koch: a. a. O., S. 191 ff.) Heute wirkt die Kinderhymne vor allem wie ein Kommentar, wie man Hoffmann von Fallerslebens „Deutschland-Lied" verstehen soll und wie nicht. Damals war diese Interpretationshilfe unerlässlich, und auch heute ist

71 Jörg Koch, a. a. O., S. 192; „Kinderhymne", aus: Bertolt Brecht, Werke. Große kommentierte Berliner und Frankfurter Ausgabe, Band 12: Gedichte 2. © Bertolt-Brecht-Erben / Suhrkamp Verlag 1988.

sie nützlich. Aber das Deutschland-Bild hat sich im In- und Ausland verändert, und daher wirkt vor allem die zweite Strophe nicht mehr aktuell.

25. Vorschlag: Land der Väter und der Erben

Bundespräsident Professor Theodor Heuss hatte Anfang 1950 den Schriftsteller und evangelischen Kirchenlied-Autor Rudolf Alexander Schröder insgeheim gebeten, den Text für eine neue Nationalhymne zu entwerfen. Der Dichter hat in seiner *Hymne an Deutschland* brav zusammengefasst, was Heuss von einer Nationalhymne erwartete:

Land des Glaubens, deutsches Land,
Land der Väter und der Erben,
Uns im Leben und im Sterben
Haus und Herberg, Trost und Pfand,
Sei den Toten zum Gedächtnis,
Den Lebend'gen zum Vermächtnis,
Freudig von der Welt bekannt,
Land des Glaubens, deutsches Land.

Land der Hoffnung, Heimatland,
Ob die Wetter, ob die Wogen
Über dich hinweggezogen,
Ob die Feuer dich verbrannt,
Du hast Herzen, die vertrauen.
Lieb und Treue halten stand,
Land der Hoffnung, Heimatland.

Land der Liebe, Vaterland,
Heil'ger Grund, auf den sich gründet,
Was in Lieb und Leid verbündet
Herz mit Herzen, Hand mit Hand.

Frei, wie wir dir angehören
Und uns dir zu eigen schwören,
Schling um uns dein Friedensband,
Land der Liebe, Vaterland.[72]

Wie sehr dem Bundespräsidenten die Aufgabe am Herzen lag, einen Text ohne verwerfliches Vorleben zu präsentieren, geht daraus hervor, dass er das Original von Schröder redigierte und „verchristlichte". Den Protest des Autors überhörte er. Bei seiner Rundfunkansprache am 31. Dezember 1950 stellte Heuss den vom Stuttgarter Komponisten Hermann Reutter vertonten Text als künftige Nationalhymne vor. Der liberale Präsident wollte die Weise zwar nicht oktroyieren; aber er warb nach Kräften für deren Einführung als Nationalhymne. Im Januar 1951 haben Männer- und Jugendchöre das Lied im Rundfunk fortlaufend gesungen, damit möglichst breite Bevölkerungskreise sich dafür erwärmten. Aber ach, das gut gemeinte Unterfangen erwies sich als Flop! „Theos kleine Nachtmusik" kam nicht an.

Laut einer repräsentativen Umfrage des Wiesbadener Forschungsinstituts für Volkspychologie sprachen sich nur 16 Prozent *für*, jedoch 43 Prozent *gegen* die Hymne an Deutschland aus; 41 Prozent war die Frage gleichgültig. Ebenso vernichtend waren Umfrageergebnisse des Instituts für Demoskopie Allensbach aus dem Jahr 1951. Danach hatten trotz der intensiven Debatte nur 36 Prozent die Hymne schon einmal gehört; 24 Prozent hatten darüber schon einmal etwas erfahren; 40 Prozent war das Thema völlig neu. Eine Nachfrage ergab, dass 48 Prozent dagegen waren, das neue Lied zur Nationalhymne zu küren. Nur 13 Prozent (neun Prozent der Bevölkerung insgesamt) sprachen sich dafür aus. (Petersen, a. a. O., S. 46 f.) Sogar der SPD-Vorsitzende Kurt Schumacher, ein aus Westpreußen nach Niedersachsen verschlagener Volkstribun, spottete, die Hymne an Deutschland sei lediglich dazu angetan, als „schwäbisch-protestantischer Nationalchoral" zu dienen.

72 Knopp, S. 104; „Hymne an Deutschland", aus: Rudolf Alexander Schröder, Gesammelte Werke in fünf Bänden. Band I: Die Gedichte. © Suhrkamp Verlag Berlin und Frankfurt am Main 1952. Alle Rechte bei und vorbehalten durch Suhrkamp Verlag AG, Berlin.

Der Rheinländer Konrad Adenauer schmunzelte über das Nord-Südwest-Scharmützel, und als er im September 1951 erfuhr, dass sich 73 Prozent der vom Institut für Demoskopie Allensbach Befragten für die Wiedereinführung des Deutschlandlieds als Nationalhymne ausgesprochen hatten, setzte er dem Bundespräsidenten die Pistole auf die Brust, und Heuss gab dem Bundeskanzler im Mai 1952 „in Anerkennung des Tatbestandes" enttäuscht nach: 30 Jahre, nachdem der sozialdemokratische Reichspräsident Friedrich Ebert Hoffmanns Deutschlandlied zur Nationalhymne proklamiert hatte, führten Heuss und Adenauer das Preislied wieder ein – mit der Maßgabe, bei offiziellen Anlässen nur die dritte Strophe zu singen. (Petersen, a. a. O., S. 47.) Damit war auch Schröders zweiter Anlauf durchgefallen. Den ersten hatte er, wie auf S. 130 f. ausgeführt, 1914 mit dem „Deutschen Schwur" unternommen, und damit war er sogar weiter gesprungen als mit dem von 1950.

Über jedem blitzt das Eisen

Bei Ausbruch des Ersten Weltkriegs rennen junge deutsche Regimenter westlich von Langemarck in der Nähe der belgischen Stadt Ypern unter dem Gesang „Deutschland, Deutschland über alles" gegen die erste Linie der feindlichen Stellungen an. Die Sturmläufer waren hauptsächlich Freiwillige und Reservisten ohne nennenswerte militärische Erfahrung. Der Durchbruchsversuch kostete 2000 von ihnen das Leben. Daraus entwickelte sich der Mythos von Langemarck, der den Opfertod junger Soldaten in einen moralischen Sieg ummünzte.[73]

Jung und alt waren 1914 von der Begeisterung, in einem gerechten Krieg das Beste, womöglich auch das Leben, zu geben, ergriffen.

Der Schriftsteller Richard Dehmel (1893–1920), der 1889 die Märchendichterin Paula Oppenheimer geheiratet hatte, meldete sich noch mit 50 Jahren

73 Bernd Hüppauf: Schlachtenmythen und die Konstruktion des „Neuen Menschen". In: Gerhard Hirschfeld u. a.: Keiner fühlt sich hier mehr als Mensch. Erlebnis und Wirkung des Ersten Weltkriegs. Essen 1993, S. 45; Guido Knopp, a. a. O., S. 57.

als Kriegsfreiwilliger zur Waffe. In seine stürmischen Gesänge flocht er auch das Deutschlandlied ein.

Über jedem blitzt das Eisen,
Das ihn auf die Probe stellt,
Freu Dich, Volk, wir wollen erweisen,
Dass Du wert bist, dich zu preisen,
Über alles in der Welt,
Deutsches Volk!

Guido Knopp (a. a. O., S. 58) kommentiert, das sei nicht nur eine Liebeserklärung an Deutschland und das deutsche Volk, sondern eine Proklamation nationaler Überheblichkeit.

26. Vorschlag: Karl Bröger: Nichts kann uns rauben Liebe und Glauben zu unserm Land

Dass die Vaterlandsverehrung quasi religiöse Züge annahm, hat auch Thomas Nipperdey empfunden. Als Beispiel zitierte er das Lied „Deutschland stirbt nicht" des Arbeiters, Sozialdemokraten und Gewerkschafters Karl Bröger. Es ist allerdings erst 1923 entstanden, als französische und belgische Truppen das Ruhrgebiet besetzten, um Reparationsforderungen der Alliierten zu erpressen. Das weckte in Deutschland Empörung von links bis rechts, und leider trieb es auch den Nationalsozialisten so manchen Vaterlandsliebenden in die Arme.

Nichts kann uns rauben/
Liebe und Glauben
Zu unserm Land;
Es zu erhalten
Und zu gestalten,
Sind wir gesandt.

Mögen wir sterben,
Unseren Erben
Gilt dann die Pflicht,
Es zu erhalten
Und zu gestalten:
Deutschland stirbt nicht.[74]

Das Wunder von Ypern: Als die Waffen im Ersten Weltkrieg schwiegen

Schon nach den ersten Wochen des Ersten Weltkriegs gruben sich die Gegner in Stellungen ein, die es erleichtern sollten, sich gegen das Sperrfeuer der feindlichen Maschinengewehre und den Beschuss von Artillerie zu schützen. Im Advent des Jahres 1914 froren die Soldaten in verschlammten oder vereisten Schützengräben. Die erste Begeisterung war verflogen, viele fanden keinen Schlaf und waren müde. Da ereignete sich im Frontabschnitt von Ypern in Westflandern, Belgien, ein Wunder: Die Deutschen stellten zum Weihnachtsfest das Feuer ein und Tannenbäume auf.

Ein französischer Offizier schrieb voller Verwunderung: „Überall an der deutschen Front leuchteten Christbäume auf. Die Deutschen begannen, Weihnachtslieder zu singen. Ich blickte mich in unseren Stellungen um. Alle standen aufrecht und waren hellwach, und schließlich stiegen sie auf die Brustwehr. Einige hatten den Graben verlassen und liefen ins Niemandsland, um den unerwarteten Gesang besser hören zu können. Keiner hatte Angst, keiner war zum Scherzen aufgelegt. Vielmehr sah ich in den Gesichtern der neben mir stehenden Soldaten ein Gefühl der Ergriffenheit. Nichts wäre leichter gewesen, als die Szene mit einer einzigen Salve zu beenden. Doch wir hätten es nicht fertiggebracht, auf die betenden deutschen Soldaten zu schießen."

Und ein britischer Soldat schrieb: „Was für ein Tag! Wir tranken von ihrem Schnaps, von unserem Rum. Wir aßen gemeinsam, zeigten uns Fotos unserer

74 Text: Karl Bröger; Melodie: Heinrich Spitta.

Familien, lachten viel. Von irgendwo tauchte ein Fußball auf, und sie begannen zu kicken, zwischen den Schützengräben, mit Mützen als Toren."

Die Deutschen sangen: „Stille Nacht, heilige Nacht!" und „Macht hoch die Tür, die Tor macht weit, / Es kommt der Herr der Herrlichkeit!" Die Briten erwiderten: „O come all, ye faithful, joyful and triumphant, / O come ye, o come ye to Bethlehem!" Herbei, o ihr Gläubigen! Die Soldaten machten einander Geschenke. Das am meisten geschätzte Andenken war die Pickelhaube. Sie war ursprünglich erfunden worden, um Schläge mit Säbeln abzuwehren. Im Ersten Weltkrieg wurde sie 1915 verboten, weil die Helmspitzen verräterisch aus den Schützengräben herausragten und blitzten. Kaiser Wilhelm II. trug die Pickelhaube zu seiner Paradeuniform. Für die Soldaten der Alliierten war sie das Attribut der lächerlichen Deutschen.[75]

Die Ereignisse von Ypern bezeugen, dass die Menschen lieber gegeneinander Fußball spielen, als aufeinander zu schießen.

75 Die Erinnerung an das Wunder von Ypern verdanken wir Christine Schönebeck, der früheren Museumsleiterin in Gladbach.